Cha

Czech phrasebook

Robert Porter

Olga Spevak

Chambers

First published by Chambers Harrap Publishers Ltd 2006
7 Hopetoun Crescent
Edinburgh EH7 4AY

ISBN 0550 10280 9

Editor & Project Manager
Anna Stevenson

Publishing Manager
Patrick White

Prepress
Susan Lawrie
Vienna Leigh

Designed and typeset by Chambers Harrap Publishers Ltd, Edinburgh
Printed and bound by Tien Wah Press (PTE.) LTD., Singapore
Illustrations by Art Explosion

CONTENTS

INTRODUCTION

This brand new English-Czech phrasebook from Chambers is ideal for anyone wishing to try out their foreign language skills while travelling abroad. The information is practical and clearly presented, helping you to overcome the language barrier and mix with the locals.

Each section features a list of useful words and a selection of common phrases: some of these you will read or hear, while others will help you to express yourself. The simple phonetic transcription system, specifically designed for English speakers, ensures that you will always make yourself understood.

The book also includes a mini bilingual dictionary of around 4,500 words, so that more adventurous users can build on the basic structures and engage in more complex conversations.

Concise information on local culture and customs is provided, along with practical tips to save you time. After all, you're on holiday – time to relax and enjoy yourself! There is also a food and drink glossary to help you make sense of menus, and ensure that you don't miss out on any of the national or regional specialities.

Remember that any effort you make will be appreciated. So don't be shy – have a go!

ABBREVIATIONS USED IN THIS GUIDE

acc	accusative	instr	instrumental
adj	adjective	loc	locative
adv	adverb	m	masculine
dat	dative	n	neuter
f	feminine	perf	perfective
gen	genitive	pl	plural
imperf	imperfective	sg	singular

PRONUNCIATION

ALPHABET

Letter	Pronunciation	Transliteration
a	*a* (as in b**u**t)	*a*
á	*aa* (as in b**a**r)	*a̱*
b	*be* (as in **be**t)	*b*
c	*tse* (as in **tse**tse)	*ts*
č	*che* (as in **che**ck)	*ch*
d	*de* (as in **de**ad)	*d*
ď	*d-ye* (as in sol**di**er)	*dy*
e	*e* (as in g**e**t)	*e*
é	*ee* (long e)	*e̱*
ě	*ye* (as in **ye**s)	*ye*
f	*ef*	*f*
g	*ge* (as in **ge**t)	*g*
h	*ha* (as in **ha**rd)	*h*
ch	*ch* (as in lo**ch** + **a**)	*kh*
i	*ee* (as in w**ee**k)	*ee*
í	*ee* (long ee)	*e̱e̱*
j	*ye* (as in **ye**s)	*y*
k	*ka* (as in **ca**r)	*k*
l	*el*	*l*
m	*em*	*m*
n	*en*	*n*
ň	*enye* (as in p**enu**ry)	*ny*
o	*o*	*o*
ó	*o-o* (long o, as in c**au**ght)	*o̱*
p	*pe* (as in **pe**t)	*p*
q	*kve* (found only in words of foreign origin)	*kv*

r	*er* (rolled r)	*r*
ř	*erzh* (rolled r and zh together)	*rzh*
s	*es*	*s*
š	*esh*	*sh*
t	*te* (as in **te**tchy)	*t*
ť	*t-ye* (as in pre**tti**er)	*ty*
u	*oo* (as in b**oo**t)	*oo*
ú/ů	*oo* (long oo)	<u>*oo*</u>
v	*ve*	*v*
w	*dvoyeete ve* (found only in words of foreign origin)	
x	*eeks* (as in w**eeks**)	
y	*eepseelon*	*ee*
ý	*ee-ee* (long ee)	
z	*zed*	*z*
ž	*zhed* (as in trea**s**ure)	*zh*

PRONUNCIATION

When two vowels occur adjacently in one word (to form a diphthong) this is transliterated with the help of a hyphen, eg **dlouho** (long) is transliterated as *dlo/ooho*.

Apart from the sound **ř**, a combination of a rolled r and zh (as the s is pronounced in "treasure"), Czech pronunciation is very easy. Spelling is highly phonetic, all vowels and consonants are pronounced clearly and the stress in every word falls on the first syllable or on any preceding preposition which contains a vowel (eg **ho**spoda pub; **do** hospody (in)to the pub).

Vowels marked with an acute accent are long vowels and are pronounced exactly the same as those unaccented but are held for approximately twice the length of time.

h, unlike the English equivalent, sounds rather like the noise you make when you pant, unless it comes at the end of a word, in which case it comes out like "ch", as in the Scottish "loch". **y** is pronounced the same as **i** and is the equivalent of the "ee" sound in "week". However, **i** when following a **d**, **n** or **t** is pronounced *yee*.

Groups of consonants without any vowels in between frequently look more difficult than they really are, since in such instances **r** and **l** assume the quality of a vowel, eg **krk** (neck) is pronounced rather like the Scottish "kirk", with a rolled r.

The letters **b d g h v z ž** often come out as **p t k ch f s š** respectively when they occur at the end of a word or when they are affected by certain subsequent letters. Conversely, the letters **p t k ch f s š** can come out as **b d g h v z zh** under the influence of the subsequent consonant, eg **kdo** (who) is pronounced *gdo*. These changes are not noted in the transliteration.

When **j** is the first letter in a word it is hardly pronounced at all, eg **jsem** (I am) comes out as *sem*. **ú** and **ů** are exactly the same letter but the convention is to use the first version when it comes at the beginning of a word.

Intonation is not wildly different from English patterns, but remember that often the standard way of formulating a question is by merely inflecting your voice, so you should aim to be suitably expressive.

EVERYDAY CONVERSATION

The Czechs usually greet each other with a nod or a handshake although they will kiss family members.

There are two ways to say "you" in Czech (**ty** and **vy**). **Ty** is singular and is used for people with whom you are on first name terms. **Vy** is used for all plurals, whether among friends, relatives or in formal relationships, and is also used to address just one person politely or formally. If you're not sure how friendly you are supposed to be with someone, it's best to use **vy** – you'll soon be invited to use **ty**, if the situation suggests it. When addressing people and using verbs and adjectives, you need to bear in mind their number and gender, as well as your degree of intimacy with them!

Czechs always use diminutive forms of each others' names. For example, a girl called **Kateřina** will be known to everyone as **Katka** – **Kateřina** will only be used in formal or official contexts. Anyone called **Jan** (John in English) will be referred to as **Honza** by his friends and as **Jan** on his official papers.

There are two types of greeting in Czech. When entering a shop or administrative office, or meeting someone for the first time, you can say **dobré ráno** (good morning), **dobrý večer** (good evening) or just **dobrý den** (hello). When greeting someone your own age whom you already know, you can simply say **ahoj**. More colloquially, young Czechs often say **nazdar** or **čau**. You also often hear these days **hezký den/ pěkný den** (have a nice day).

Yes and no are **ano** and **ne**, but note that **ano** is very frequently abbreviated to **no** or **jo**, so **no** in fact means yes!

The basics

bye	ahoj *ahoy*
excuse me	promiň (sg)/promiňte (pl, sg polite) *promeeny/promeenyte*
goodbye	na shledanou *na s-hledano-oo*
good evening	dobrý večer *dobree vecher*
good morning	dobré ráno *dobre rano*
goodnight	dobrou noc *dobro-oo nots*
hello	dobrý den *dobree den*
hi	ahoj *ahoy*
no	ne *ne*
OK	ok *okey*
pardon	pardon *pardon*
please	prosím tě (sg)/prosím vás (pl, sg polite) *proseem tye, proseem vas*
thank you	děkuji *dyekooyee*
yes	ano *ano*

Expressing yourself

I'd like ...
rád (m)/ráda (f) bych ...
rad/rada beekh ...

we'd like ...
rádi bychom ...
radyee beekhom ...

do you have ...?
máš (sg)/máte (pl, sg polite) ...?
mash/mate ...?

do you want ...?
chceš (sg)/chcete (pl, sg polite) ...?
khtsesh/khtsete ...?

is there a ...?
je tady někde ...?
ye tadee nyekde ...?

are there any ...?
jsou tady někde ...?
yso-oo tadee nyekde ...?

how ...?
jak ...?
yak ...?

why ...?
proč ...?
proch ...?

when ...?
kdy ...?
kdee ...?

what ...?
co ...?
tso ...?

where is …?
kde je …?
kde ye …?

where are …?
kde jsou …?
kde yso-oo …?

how much is it?
kolik to stojí?
koleek to stoyee?

what is it?
co to je?
tso ye to?

do you speak English?
mluvíš *(sg)*/mluvíte *(pl, sg polite)* anglicky?
mlooveesh/mlooveete angleetskee?

where are the toilets, please?
prosím vás, kde jsou toalety?
proseem vas, kde yso-oo toaletee?

I'm sorry
je mi (to) líto
ye mee (to) leeto

how are you?
jak se máš *(sg)*/máte *(pl, sg polite)*?
yak se mash/mate

fine, thanks
děkuji, dobře
dyekooyee, dobrzhe

thanks very much
mockrát děkuji
motskrat dyekooyee

no, thanks
ne, děkuji
ne, dyekooyee

yes, please
ano (prosím)
ano (proseem)

you're welcome
není zač
nenyee zach

see you later
zatím nashledanou
zayeem na s-hledano-oo

Understanding

mimo provoz	out of order
obsazeno	occupied
otevřeno	open
pozor	attention
réservé	reserved
toalety	toilets
vchod	entrance
východ	exit
zákaz	do not …

zákaz kouření — no smoking
zákaz parkování — no parking
zdarma — free (of charge)

je/jsou ... — **vítám vás**
there's/there are ... — welcome

nevadí, když ...? — **okamžik, prosím**
do you mind if ...? — one moment, please

posad'se *(sg)*/**posad'te se** *(pl, sg polite)*, **(prosím)**
please take a seat

PROBLEMS UNDERSTANDING CZECH

Expressing yourself

pardon? — **what?**
prosím? — co?
proseem? — *tso?*

could you repeat that, please?
můžeš *(sg)*/můžete *(pl, sg polite)* to říct ještě jednou?
moozhesh/moozhete to rzheetst yeshtye yedno-oo?

could you speak more slowly?
mùžeš *(sg)*/mùžete *(pl, sg polite)* mluvit pomaleji?
moozhesh/moozhete mlooveet pomaleyey?

I don't understand — **I understand a little Czech**
nerozumím — česky rozumím jen trochu
nerozoomeem — *cheskee rozoomeem yen trokhoo*

I can understand Czech but I can't speak it
česky rozumím, ale neumím mluvit
cheskee rozoomeem, ale neoomeem mlooveet

I hardly speak any Czech — **how do you say ... in Czech?**
česky ještě moc neumím — jak se řekne česky ...?
cheskee yeshtye mots neoomeem — *yak se rzhekne cheskee ...?*

do you speak English?
mluvíš *(sg)*/mluvíte *(pl, sg polite)* anglicky?
mlooveesh/mlooveete angleetskee?

how do you spell it?
jak se to píše?
yak se to peeshe?

what's that called in Czech?
jak se tomu říká česky?
yak se tomoo rzheeka cheskee?

could you write it down for me?
mohl *(m)*/mohla *(f)* byste mi to napsat?
mohl/mohla beeste mee to napsat?

Understanding

rozumíš *(sg)*/**rozumíte** *(pl, sg polite)* **česky?**
do you understand Czech?

napíšu ti *(sg)*/**vám** *(pl, sg polite)* **to**
I'll write it down for you

to znamená ...
it means …

to je něco jako ...
it's a kind of …

SPEAKING ABOUT THE LANGUAGE

Expressing yourself

I learned a few words from my phrasebook
naučil *(m)*/naučila *(f)* jsem se pár slov z knížky
naoocheel/naoocheela ysem se par slov z knyeezhkee

I can say "please" and "thank you" but that's about all
umím říct "prosím" a "děkuji", ale to je všechno
oomeem rzheetst "proseem" a "dyekooyee", ale to ye vshekhno

I can just about get by
domluvím se
domlooveem se

I hardly know two words!
umím jen pár slov!
oomeem yen par slov!

I find Czech a difficult language
čeština je pro mě těžká
cheshtyeena ye pro mye tyezhka

I know the basics but no more than that
mám základy, ale nic víc
mam zakladee, ale nyeets veets

people speak too quickly for me
lidi mluví moc rychle
leedyee mloovee mots reekhle

Understanding

máš *(sg)/***máte** *(pl, sg polite)* **dobrou výslovnost**
your pronunciation is very good

mluvíš *(sg)/***mluvíte** *(pl, sg polite)* **výborně česky**
you speak very good Czech

ASKING THE WAY

Expressing yourself

excuse me, can you tell me where the … is, please?
promiňte, kde je …, prosím vás?
promeenyte, kde ye …, proseem vas?

is this the right way for …?
jdu správně na/do …?
ydoo spravnye na/do …?

can you tell me how to get to …?
jak se dostanu na/do …?
yak se dostanoo na/do …?

is there a … near here?
je tady někde …?
ye tadee nyekde …?

could you show me on the map?
mohl *(m)/*mohla *(f)* byste mi to ukázat na mapě?
mohl/mohla beeste mee to ookazat na mapye?

is there a map of the town somewhere?
je tady někde plán města?
ye tadee nyekde plan mnyesta?

is it far?
je to daleko?
ye to daleko?

I'm looking for …
hledám …
hledam …

I'm lost
zabloudil *(m)*/zabloudila *(f)* jsem
zablo-oodyeel/*zablo-oodyeela ysem*

Understanding

jet	to go *(by car)*
jít	to go *(on foot)*
pokračovat	keep going
stále rovně	straight ahead
vlevo	left
vpravo	right
zahnout	turn

jste tu pěšky?
are you on foot?

je to pět minut autem
it's five minutes away by car

je to první/druhá/třetí ulice vlevo
it's the first/second/third on the left

na křižovatce doprava
turn right at the roundabout

u banky zahněte doleva
turn left at the bank

bude to příští výjezd
take the next exit

není to daleko
it's not far

je to hned za rohem
it's just round the corner

GETTING TO KNOW PEOPLE

The basics

bad	špatný *shpatnee*
beautiful	krásný *krasnee*
boring	nudný *noodnee*
cheap	levný *levnee*
expensive	drahý *drahee*
good	dobrý *dobree*
interesting	zajímavý *zayeemavee*
nice	hezký *hezkee*
not bad	docela dobrý *dotsela dobree*
splendid	skvělý *skvyelee*
well	dobře *dobrzhe*
to hate	nesnášet *nesnashet*
to like	mít rád *(m)*/ráda *(f)* *meet rad/meet rada*
to love	milovat *meelovat*

INTRODUCING YOURSELF AND FINDING OUT ABOUT OTHER PEOPLE

Expressing yourself

my name's ...
jmenuji se ...
ymenooyee se ...

pleased to meet you!
těšilo mě!
tyesheelo mnye!

what's your name?
jak se jmenuješ *(sg)*/jmenujete *(pl, sg polite)*?
yak se ymenooyesh/ymenooyete?

this is my husband
to je můj manžel
to ye mooy manzhel

this is my partner, Karen
to je moje partnerka, Karen
to ye moye partnerka, Karen

we're Welsh
jsme z Walesu
ysme z Velsoo

I'm from …
jsem z …
ysem z …

I'm 22
je mi dvacet dva let
ye mee dvatset dva let

what do you do for a living?
jaké je vaše zaměstnání?
yake ye vashe zamnyestan;nyee?

I work
pracuji
pratsooyee

I'm a teacher
jsem učitel *(m)*/učitelka *(f)*
ysem oocheetel/oocheetelka

I work in marketing
pracuji v oblasti marketinku
pratsooyee v oblastyee marketinkoo

I'm retired
jsem v důchodu
ysem v doakhodoo

I have two children
mám dvě děti
mam dvye dyetyee

two boys and a girl
dva chlapce a dívku
dva khlaptse a dyeevkoo

have you ever been to Britain?
už jste byl *(m)*/byla *(f)* v Británii?
oozh yste beel/beela v Breetaneeyee?

I'm English
jsem Angličan *(m)*/Angličanka *(f)*
ysem angleechan/angleechanka

where are you from?
odkud jsi *(sg)*/jste *(pl, sg polite)*?
odkood ysee/yste?

how old are you?
kolik je ti *(sg)*/vám *(pl, sg polite)* let?
koleek ye tyee/vam let?

are you a student?
studuješ *(sg)*/studujete *(pl, sg polite)*?
stoodooyesh/stoodooyete?

I'm studying law
studuji práva
stoodooyee prava

I stay at home with the children
jsem doma s dětmi
ysem doma s dyetmee

I work part-time
pracuji na poloviční úvazek
pratsooyee na poloveechnyee oovazek

I'm self-employed
jsem podnikatel *(m)*/podnikatelka *(f)*
ysem podnyeekatel/podnyeekatelka

we don't have any children
nemáme děti
nemame dyetyee

a boy of five and a girl of two
chlapci je pět a dívce jsou dva roky
khlaptsee ye pyet a dyeevtse dva rokee

GETTING TO KNOW PEOPLE

Understanding

jste Angličan *(m)*/**Angličanka** *(f)***?**
are you English?

Anglii znám dobře
I know England quite well

jsme tu taky na dovolené
we're on holiday here too

rád *(m)*/**ráda** *(f)* **bych jel** *(m)*/**jela** *(f)* **jednou do Skotska**
I'd love to go to Scotland one day

TALKING ABOUT YOUR STAY

Expressing yourself

I'm here on business
jsem tu pracovně
ysem too pratsovnye

we're on holiday
jsme na dovolené
ysme na dovolene

I arrived three days ago
přijel *(m)*/přijela *(f)* jsem před třemi dny
przheeyel/przheeyela ysem przhed trzhemee dnee

we've been here for a week
byli jsme tu na týden
beelee ysme too na teeden

I'm only here for a long weekend
jsem tu jen na dlouhý víkend
ysem too yen na dlo-oohee veekend

we're just passing through
jen tudy projíždíme
yen toodee proyeezhdyeeme

this is our first time in Prague
jsme v Praze poprvé
ysme v Praze poprve

we're here to celebrate our wedding anniversary
přijeli jsme na výročí naší svatby
przheeyelee ysme na veerochee nashee svatbee

we're on our honeymoon
jsme tu na svatební cestě
ysme too na svatebnyee tsestye

we're here with friends
jsme tu s přáteli
ysme too s przhatelee

we're touring around
prohlížíme si kraj
prohleezheeme see kray

we managed to get a cheap flight
sehnali jsme levnou letenku
sehnalee ysme levno-oo letenkoo

we're thinking about buying a house here
máme v úmyslu koupit si tady dům
*m**a**me v **oo**meesloo ko-**oo**peet see t**a**dee d**oo**m*

Understanding

hezký pobyt!
enjoy your stay!

hezký zbytek dovolené!
enjoy the rest of your holiday!

jste v České republice poprvé?
is this your first time in the Czech Republic?

jak dlouho se zdržíte?
how long are you staying?

líbí se vám tady?
do you like it here?

už jste navštívil (m)/**navštívila** (f) **...?**
have you been to …?

STAYING IN TOUCH

Expressing yourself

we should stay in touch
zůstaneme v kontaktu, že?
*z**oo**staneme v kont**a**ktoo, zhe?*

I'll give you my e-mail address
dám ti e-mailovou adresu
*d**a**m tyee **ee**-m**a**ylovo-oo **a**dresoo*

here's my address, if you ever come to Britain
tady je moje adresa, jestli někdy budete mít cestu do Británie
*t**a**dee ye m**o**ye **a**dresa, y**e**stlee n**ye**kde b**oo**dete m**ee**t ts**e**stoo do Breet**a**neeye*

Understanding

dáš mi adresu?
will you give me your address?

máte e-mailovou adresu?
do you have an e-mail address?

vždy vás rádi uvidíme, můžete zůstat u nás
you're always welcome to come and stay with us here

EXPRESSING YOUR OPINION

> **Some informal expressions**
> **byla to nuda** it was boring
> **bylo to super** it was great

Expressing yourself

In Czech the way to say you enjoy or like doing something is to say you "gladly (**rád**) do something", eg **he likes drinking beer** rád pije pivo *rad peeye peevo*; **she likes drinking wine** ráda pije víno (*rada peeye veeno*).

If you like a thing or a person, you say the thing or person pleases (**líbit se**) you, eg **he likes Marta** Marta se mu líbí (*Marta se moo leebee*); **she likes the film** film se jí líbí *feelm se yee leebee*.

If your feelings are stronger, you can say you "have (**mít**) the thing or person glad(ly) (**rád**)", eg **he loves Marta** má rád Martu (*ma rad Martoo*); **Marta loves the theatre** Marta má ráda divadlo (*Marta ma rada dyeevadlo*).

The ultimate expression of affection is **milovat** (to love).

I really like (doing something) …
moc rád (m)/ráda (f) …
mots rad/rada …

I really liked it
moc se mi to líbilo
mots se mee to leebeelo

I didn't like it
nelíbilo se mi to
neleebeelo se mee to

I don't like (doing something) …
nerad (m)/nerada (f) …
nerad/nerada …

I love …
zbožňuji …
zbozhnyooye …

I loved it
líbilo se mi to
leebeelo se mee to

19

I would like …
rád *(m)*/ráda *(f)* bych *(+ past participle)…*
*r*a*d/r*a*da beekh …*

I would have liked …
rád *(m)*/ráda *(f)* bych *(+ past participle)…*
*r*a*d/r*a*da beekh …*

I find it …
zdá se mi to …
*zd*a *se mee to …*

I found it …
zdálo se mi to …
*d*a*lo se mee to …*

it's wonderful
je to úžasné
ye to oo*zhasn*e

it was wonderful
bylo to úžasné
*b*ee*lo to* oo*zhasn*e

I agree
souhlasím
*so-*oo*hlas*ee*m*

I don't agree
nesouhlasím
*neso-oohlas*ee*m*

I don't know
nevím
*nev*ee*m*

I don't mind
je mi to jedno
ye mee to yedno

I don't like the sound of it
to mě neláká
*to mye nel*a*k*a

it sounds interesting
zní to zajímavě
*znye*e *to z*a*yeemavye*

it really annoys me
leze mi to na nervy
leze mee to na nervee

it was boring
byla to nuda
*b*ee*la to n*oo*da*

it's a rip-off
to je podvod
to ye podvod

it gets very busy at night
večer je tam živo
vecher ye tam zheevo

it's too busy
je tu moc lidí
*ye too mots leedy*ee

it's very quiet
je to velmi klidné
*ye to velmee kleedn*e

we had a great time
dobře jsme se bavili
*d*o*brzhe ysme se b*a*veelee*

I really enjoyed myself
dobře jsem se bavil *(m)*/bavila *(f)*
*d*o*brzhe ysem se b*a*veel/b*a*veela*

there was a really good atmosphere
byla tam skvělá atmosféra
beela tam skvyelạ ạtmosfẹra

we met some nice people
potkali jsme velmi sympatické lidi
potkalee ysme velmee seempateetskẹ leedyee

we found a great hotel
našli jsme příjemný hotel
nashlee ysme przheeyemnee hotel

Understanding

máš rád *(m)*/**ráda** *(f)* **...?**
do you like …?

bav se dobře?
did you enjoy yourselves?

měl *(m)*/**měla** *(f)* **bys jít do/na ...**
you should go to …

doporučuji ...
I recommend …

je to krásné místo
it's a lovely area

není tam moc turistů
there aren't too many tourists

není to nic moc
it's a bit overrated

nejezdi/nejezděte tam o víkendu, je tam moc lidí
don't go at the weekend, it's too busy

TALKING ABOUT THE WEATHER

> **Some informal expressions**
> **je zima, že by ani psa nevyhnal**
> you wouldn't send a dog out in this cold
> **je horko k padnutí** it's hot enough to make you drop
> **je psí počasí** it's bloody awful weather
> **je tu zima jako v márnici** it's freezing cold
> **leje jako z konve** it's raining cats and dogs

Expressing yourself

have you seen the weather forecast for tomorrow?
jaká je na zítra předpověď počasí?
yaka ye na zeetra przhedpovyedy pochasee?

it's going to be nice
bude hezky
boode hezkee

it isn't going to be nice
bude ošklivo
boode oshkleevo

it's really hot
je opravdu horko
ye opravdoo horko

it gets cold at night
večer je chladno
vecher ye khladno

the weather was beautiful
měli jsme krásné počasí
mnyelee ysme krasne pochasee

it rained a few times
několikrát pršelo
nyekoleekrat prshelo

there was a thunderstorm
byla bouřka
beela bo-oorzhka

it's been lovely all week
bylo hezky celý týden
beelo hezkee tselee teeden

it's very humid here
je tu velmi vlhko
ye too velmee vlkhko

we've been lucky with the weather
měli jsme štěstí na počasí
mnyelee ysme shtyestee na pochasee

Understanding

asi bude pršet
it's supposed to rain

na celý týden předpovídají krásné počasí
they've forecast good weather for the rest of the week

zítra bude taky vedro
it will be hot again tomorrow

TRAVELLING

The basics

airport	letiště *letyeeshtye*
boarding	nástup *nastoop*
boarding card	palubní vstupenka *paloobnyee vstoopenka*
boat	loď *lody*
bus	autobus *a-ootoboos*
bus station	autobusové nádraží *a-ootoboosove nadrazhee*
bus stop	autobusová zastávka *a-ootoboosova zastavka*
car	auto *a-ooto*
check-in	odbavení *odbavenyee*
coach	autobus *a-ootoboos*
ferry	trajekt *trayekt*
flight	let *let*
gate	východ *veekhod*
left-luggage (office)	úschovna zavazadel *ooskhovna zavazadel*
luggage	zavazadla *zavazadla*
map	mapa *mapa*
motorway	dálnice *dalnyeetse*
passport	cestovní pas *tsestovnyee pas*
plane	letadlo *letadlo*
platform	nástupiště *nastoopeeshtye*
railway station	nádraží *nadrazhee*
return (ticket)	zpáteční jízdenka *zpatechnyee yeezdenka*
road	silnice *seelnyeetse*
shuttle bus	autobus na/z letiště *a-ootoboos na/z letyeeshtye*
single (ticket)	jízdenka tam *yeezdenka tam*
street	ulice *ooleetse*
streetmap	plán města *plan mnyesta*
taxi	taxi *taksee*
terminal	terminál *termeenal*
ticket	jízdenka *yeezdenka*
timetable	jízdní řád *yeezdnyee rzhad*
town centre	centrum *tsentroom*
train	vlak *vlak*

tram	tramvaj *tramvay*
underground	metro *metro*
underground station	stanice metra *stanyeetse metra*
to book	rezervovat *rezervovat*
to hire	půjčit *pooycheet*

Expressing yourself

a ticket to ..., please
lístek do/na ...
leestek do/na ...

where can I buy tickets?
kde si můžu koupit lístky?
kde see moozhoo ko-oopeet leestkee?

I'd like to book a ticket
chtěl *(m)*/chtěla *(f)* bych si rezervovat jízdenku
khtyel/khtyela beekh see rezervovat yeezdenku

how much is a ticket to ...?
kolik stojí jízdenka do/na ...?
koleek stoyee yeezdenka do/na ...?

could I have a timetable, please?
měl *(m)*/měla *(f)* byste jízdní řád?
mnyel/mnyela beeste yeezdnyee rzhad?

are there any concessions for students?
máte slevy pro studenty?
mate slevee pro stoodentee?

is there an earlier/later one?
nešlo by to dříve/později?
neshlo bee to drzheeve/pozdyeyee?

how long does the journey take?
jak dlouho trvá cesta?
yak dlo-ooho trva tsesta?

is this seat free?
je tohle místo volné?
ye tohle meesto volne?

I'm sorry, there's someone sitting there
je mi líto, někdo tu sedí
ye mee leeto, nyekdo too sedee

Understanding

Making sense of abbreviations

Hl. n. (= Hlavní nádraží) central station
M (= Metro) underground

informace	information
jízdenky	tickets
muži	gents
odjezdy	departures (*trains*)
odlety	departures (*planes*)
příjezdy	arrivals (*trains*)
přílety	arrivals (*planes*)
spoj	connections
toalety	toilets
vchod	entrance
vstup zakázán	no entry
východ	exit
ženy	ladies
zpoždění	delayed
zrušeno	cancelled

BY PLANE

Prague is around two hours from London by plane. There are two sets of customs when you arrive at the airport: you will need to show your passport but it is rare for visitors from Britain to be asked to open their bags.

Several airlines now operate regular services to Prague. For example, Easyjet have budget flights from Stansted, Gatwick and Bristol. Prague city centre is only about 30 minutes' drive from the airport (**Praha Ruzyně**).

Buses (no. 119) run every 20–40 minutes between 4am and midnight to the Dejvická metro station. The journey takes about 30–40 minutes.

A low-loader bus (no. 100), very convenient if you have bulky luggage, runs from the terminus metro station at **Zličín** to the airport. At peak times it runs every 15 minutes, at other times every 30 minutes, the journey taking about 13 minutes. Taxi drivers have earned a reputation for over-charging and if you decide to take a taxi it is best to agree the fare with the driver before you start. A journey to the city centre from the airport should not cost more than about 600 koruna.

Expressing yourself

I've got an e-ticket
mám elektronickou letenku
mam elektronyeeitsko-oo letenkoo

where's the Easyjet check-in?
kde je odbavení pro Easyjet?
kde ye odbavenyee pro eezeedzhet?

one suitcase and one piece of hand luggage
kufr a příruční zavazadlo
koofr a przheeroochnyee zavazadlo

what time do we board?
v kolik hodin bude nástup do letadla?
v koleek hodyeen boode nastoop do letadla?

I'd like to confirm my return flight
chtěl (m)/chtěla (f) bych potvrdit zpáteční let
khtyel/khtyela beekh potvrdyeet zpatechnyee let

one of my suitcases is missing
chybí mi jeden kufr
kheebee mee yeden koofr

my luggage hasn't arrived
nedostal (m)/nedostala (f) jsem zavazadla
nedostal /nedostala ysem zavazadla

the plane was two hours late
letadlo mělo dvě hodiny zpoždění
letadlo mnyelo dvye hodyeenee zpozhdyenyee

I've missed my connection
zmeškal (m)/zmeškala (f) jsem spoj
zmeshkal/zmeshkala ysem spoy

I've left something on the plane
něco jsem v letadle zapomněl (m)/zapomněla (f)
nyetso ysem v letadle zapomnyel/zapomnyela

I want to report the loss of my luggage
chtěl (m)/chtěla (f) bych oznámit ztrátu zavazadel
khtyel/khtyela beekh oznameet ztratoo zavazadel

Understanding

celnice	customs
nic k proclení	nothing to declare
odbavovací hala	departure lounge
okamžitý nástup	immediate boarding
pasová kontrola	passport control
podání zavazadel	check-in
výdej zavazadel	baggage reclaim
zboží k proclení	goods to declare

počkejte si v odbavovací hale
please wait in the departure lounge

místo u okénka, nebo v chodbě?
would you like a window seat or an aisle seat?

máte spoj do/na ...
you'll have to change in …

kolik máte zavazadel?
how many bags do you have?

balil *(m)/***balila** *(f)* **jste si kufr sám** *(m)/***sama** *(f)***?**
did you pack all your bags yourself?

dal vám někdo něco s sebou na cestu?
has anyone given you anything to take onboard?

máte pět kilo nadváhu
your luggage is five kilos overweight

tady je vaše palubní vstupenka
here's your boarding card

nástup začíná v ...
boarding will begin at …

jděte k bráně číslo ...
please proceed to gate number …

poslední výzva pro ...
this is a final call for …

zavolejte na toto číslo, jestli vaše zavazadla dorazila
you can call this number to check if your luggage has arrived

BY TRAIN, COACH, BUS, UNDERGROUND, TRAM

Some towns, such as **Plzeň** and **Brno**, still have trolley buses.

The same tickets can be used on the underground, trams and buses. Note that there are various types of tickets available: in Prague a basic 12-koruna ticket (**přestupní jízdenka**) allows you to make connections and is valid for an hour on weekdays and 90 minutes at weekends, on bank holidays and after 8pm. If you don't need to make any connections, you can just buy a single ticket. Tickets are sold in tobacconists (**trafika**), kiosks and underground stations. Prague has three colour-coded underground lines (A, B and C). Trains run frequently between 5am and midnight. Buses and trams also provide a reasonably good service throughout the night. Conductors on public transport are often in plain clothes and will present a small metal tag as proof of identity.

The rail and coach networks are fairly well-developed.

Coaches are cheaper, but be warned that drivers will continue to take passengers even if there are no seats left. It's best to arrive at least half an hour before departure.

Train tickets are priced by the kilometre. So if you change your itinerary, you will have to buy a new ticket to cover the additional distance covered. There are two types of trains: **rychlík** (express) and regular services. Train tickets can be bought at the station, either at a counter or, in larger stations, from a machine.

Expressing yourself

can I have a map of the underground, please?
můžu dostat plán metra?
moozhoo dostat plan metra?

what time is the next train to ...?
v kolik hodin jede příští vlak do/na ...?
v koleek hodyeen yede przheeshtyee vlak do/na ...?

what time is the last train?
v kolik hodin jede poslední vlak?
v koleek hodyeen yede poslednyee vlak?

which platform is it for ...?
z kterého nástupiště jede vlak do/na ...?
z ktereho nastoopeeshtye yede vlak do/na ...?

where can I catch a bus to ...?
kde mám nastoupit do autobusu do/na ...?
kde mam nasto-oopeet do a-ootoboosoo do/na ...?

which line do I take to get to ...?
kterou linkou se dostanu do/na ...?
ktero-oo leenko-oo se dostanoo do/na ...?

is this the stop for ...?
jsem správně na zastávce směrem do/na ...?
ysem spravnye na zastavtse smnyerem do/na ...?

is this where the coach leaves for ...?
autobus do/na ... odjíždí odtud?
a-ootoboos do/na ... odyeezhdyee odtood?

can you tell me when I need to get off?
mohl *(m)*/mohla *(f)* byste mi říct, kdy mám vystoupit?
mohl/mohla beeste mee rzheetst, kdee mam veesto-oopeet?

I've missed my train/bus
ujel mi vlak/autobus
ooyel mee vlak/a-ootoboos

Understanding

denní	for the day
měsíční	monthly
nástupiště	to the trains
pokladna	ticket office
rezervace	bookings
týdenní	weekly

zastávka je kousek dál vpravo
there's a stop a bit further along on the right

připravte si drobné, prosím
exact money only, please

musíte přestoupit v/na ...
you'll have to change at ...

musíte jet autobusem číslo ...
you need to get the number ... bus

tento vlak staví v ...
this train calls at ...

třetí zastávka
two stops from here

BY CAR

Your British driving licence will be valid in the Czech Republic. If you will be driving on the motorway (**dálnice**), you need to buy a road tax disc (**známka**) from a service station (**čerpací stanice** or **benzínová pumpa**) or post office. You can buy one which is valid for a week, a month or a year, depending on the length of your stay. It must be displayed on your windscreen and you must keep the other section with your car registration documents.

It's best to park in designated car parks, particularly in Prague. There are three large car parks on the way into Prague, all situated near underground stations. They are cheap and open all night.

Note that the Czech Republic operates a zero tolerance policy on drink driving.

Expressing yourself

where can I find a service station?
kde najdu čerpací stanici?
kde naydoo cherpatsee stanyeetse?

lead-free petrol, please
naturál (bezolovnatý benzín), prosím
natooral (bezolovnatee benzeen), proseem

how much is it per litre?
kolik stojí litr?
koleek stoyee leetr?

we got stuck in a traffic jam
stáli jsme v zácpě
stalee ysme v zatspye

is there a garage near here?
je tady někde autoopravna?
ye tadee nyekde a-ooto opravna?

the battery's dead
došla mi baterie
doshla mee batereeye

can you help us to push the car?
můžete nám pomoct tlačit auto?
moozhete nam pomotst tlacheet a-ooto?

I've broken down
mám poruchu
mam porookhoo

we've run out of petrol
došel nám benzín
doshel nam benzeen

I've got a puncture and my spare tyre is flat
píchl (m)/píchla (f) jsem, a rezervní kolo je prázdné
peekhl/peekhla ysem, a rezervnyee kolo ye prazdne

I've lost my car keys
ztratil (m)/ztratila (f) jsem klíče od auta
ztratyeel/ztratyeela ysem kleeche od a-oota

we've just had an accident
právě jsme měli nehodu
pravye ysme mnyelee nehodoo

how long will it take to repair?
jak dlouho bude trvat oprava?
yak dlo-ooho boode trvat oprava?

◆ Hiring a car

I'd like to hire a car for a week
chtěl (m)/chtěla (f) bych si půjčit auto na týden
khtyel/khtyela beekh see pooycheet a-ooto na teeden

an automatic (car)
(auto) s automatickým řazením
(a-ooto) s a-ootomateetskeem rzhazenyeem

I'd like to take out comprehensive insurance
chtěl (m)/chtěla (f) bych uzavřít havarijní pojištění
khtyel/khtyela beekh oozavrzheet havareeynyee poyeeshtyenyee

◆ Getting a taxi

is there a taxi rank near here?
je tu někde stanoviště taxi?
ye too nyekde stanoveeshtye taksee?

I'd like to go to ...
chtěl *(m)*/chtěla *(f)* bych jet do/na ...
khtyel/khtyela beekh yet do/na ...

I'd like to book a taxi for 8pm
chtěl *(m)*/chtěla *(f)* bych taxi na osmou hodinu
khtyel/khtyela beekh taksee na osmo-oo hodyeenoo

you can drop me off here, thanks
tady mi zastavte, prosím
tadee mee zastavte, proseem

how much will it be to go to the airport?
kolik to bude stát na letiště?
koleek to boode stat na letyeeshtye?

◆ Hitchhiking

I'm going to ...
jedu do/na ...
yedoo do/na ...

can you drop me off here?
mohl *(m)*/mohla *(f)* byste mi zastavit tady?
mohl/mohla beeste mee zastaveet tadee?

could you take me as far as ...?
mohl *(m)*/mohla *(f)* byste mě dovézt až do ...?
mohl/mohla beeste mnye dovezt azh do ...?

thanks for the lift
děkuji za svezení
dyekoojee za svezenyee

we hitched a lift
jeli jsme stopem
yelee ysme stopem

TRAVELLING

Understanding

obsazeno	full *(car park)*
ostatní tranzit	other directions
parkovací automat	parking meter
parkoviště	car park
půjčovna aut	car hire
uschovejte si lístek	keep your ticket
volná místa	spaces *(car park)*
zákaz parkování	no parking
zařaďte se do spravného pruhu	get in lane
zpomalte	slow

potřebuji váš řidičský průkaz, průkaz totožnosti, potvrzení o bydlišti a vaši kreditní kartu
I'll need your driving licence, another form of ID, proof of address and your credit card

tady je 2 000 korun kauce
there's a 2,000-koruna deposit

dobrá, nastupte, dovezu vás až do/na ...
OK, get in, I'll take you as far as …

November, January and February are the cheapest and quietest months to visit, but also the coldest! Hotels have star ratings as in the UK. You can make bookings by phone or fax, or online. Czech hotel staff usually speak some English or German. On arrival, you will be asked to fill in a form with your passport details. If you are paying by credit card, the receptionist will take an imprint of your card and then cancel it after everything is paid for. Prices shown include VAT (**DPH**) as well as breakfast.

The cheapest option is often to stay in a youth hostel or to rent a flat. Addresses can be found in tourist offices or at railway stations.

Czechs are often happy to organize house-swaps (for example, they will stay at your home in the UK while you stay at theirs in the Czech Republic).

There are also numerous campsites.

The basics

bath	vana *vana*
bathroom	koupelna *ko-oopelna*
bathroom with shower	koupelna se sprchou *ko-oopelna se sprkho-oo*
bed	postel *postel*
bed and breakfast	nocleh se snídaní *notslekh se sneedanyee*
cable television	kabelová televize *kabelova televeeze*
campsite	kemping *kemping*
caravan	karavan *karavan*
cottage *(for weekends and holidays)*	chata *khata*, chalupa *khaloopa*
double bed	dvojlůžko *dvoyloozhko*
double room	dvojlůžkový pokoj *dvoyloozhkovee pokoy*
en-suite bathroom	s koupelnou *s ko-oopelnoloo*
family room	pokoj pro rodinu *pokoy pro rodyeenoo*

flat	byt *beet*
full-board	plná penze *plna penze*
fully inclusive	všechno v ceně *vshekhno v tsenye*
half-board	polopenze *polopenze*
hotel	hotel *hotel*
key	klíč *kleech*
rent	pronájem *pronayem*
self-catering	ubytování/pokoj s vlastním stravováním *oobeetovanyee/pokoy s vlastnyeem stravovanyeem*
shower	sprcha *sprkha*
single bed	jednolůžko *yednoloozhko*
single room	jednolůžkový pokoj *yednoloozhkovee pokoy*
tenant	nájemník *nayemnyeek*
tent	stan *stan*
toilets	toalety, záchody *toaletee, zakhodee*
youth hostel	mládežnická ubytovna *mladezhnyeetska oobeetovna*
to book	rezervovat *rezervovat*
to rent	pronajmout *pronaymo-oot*
to reserve	rezervovat *rezervovat*

Expressing yourself

I have a reservation
mám rezervaci
mam rezervatsee

the name's ...
na jméno ...
na ymeno ...

do you take credit cards?
můžu platit kreditní kartou?
moozhoo platyeet kredeetnyee karto-oo?

Understanding

nepovolaným vstup zakázán	private
obsazeno	full
recepce	reception
toalety	toilets
volné pokoje	vacancies

můžete mi ukázat pas?
could I see your passport, please?

můžete vyplnit tento formulář?
could you fill in this form?

HOTELS

Expressing yourself

do you have any vacancies?
máte volné pokoje?
mate volne pokoye?

for three nights
na tři noci
na trzhee notsee

how much is a double room per night?
kolik stojí dvojlůžkový pokoj za noc?
koleek stoyee dvoyloozhkovee pokoy za nots?

I'd like to reserve a double room/a single room
chtěl (m)/chtěla (f) bych rezervovat dvojlůžkový/jednolůžkový
pokoj
khtyel/khtyela beekh rezervovat dvoyloozhkovee/yednoloozhkovee pokoy

would it be possible to stay an extra night?
je možné zůstat ještě jednu noc?
ye mozhne zoostat yeshtye yednoo nots?

do you have any rooms available for tonight?
máte na dnes večer volné pokoje?
mate na dnes vecher volne pokoye?

do you have any family rooms?
máte pokoje pro rodinu?
mate pokoye pro rodyeenoo?

could I see the room first?
můžu se na ten pokoj podívat?
moozhoo se na ten pokoy podyeevat?

would it be possible to add an extra bed?
je možné dostat přistýlku?
ye mozhne dostat przheesteelkoo?

do you have anything bigger/quieter?
nemáte větší/méně hlučný?
nemate vyetshee/menye hloochnee?

that's fine, I'll take it
je to dobré, vezmu si ho
ye to dobre, vezmoo see ho

is breakfast included?
je snídaně v ceně?
ye snyeedanye v tsenye?

could you recommend any other hotels?
mohl (m)/mohla (f) byste mi doporučit jiný hotel?
mohl/mohla beeste mee doporoocheet yeenee hotel?

what time do you serve breakfast?
v kolik hodin se podává snídaně?
v koleek hodyeen se pod<u>ava</u> sny<u>ee</u>danye?

is the hotel near the centre of town?
je hotel blízko centra?
ye hotel bl<u>ee</u>zko tsentra?

what time will the room be ready?
kdy bude pokoj připravený?
kdee boode pokoy przheepraven<u>ee</u>?

where is the lift?
kde je výtah?
kde ye v<u>ee</u>tah?

the key for room ..., please
klíč od pokoje ..., prosím
kleech od pokoye ..., pros<u>ee</u>m

could I have an extra blanket?
můžu dostat ještě jednu deku?
m<u>oo</u>zhoo dostat yeshtye yednoo dekoo?

the air conditioning isn't working
klimatizace nefunguje
kleematyeezatse nefoongooye

Understanding

ne, je mi líto, máme plno
I'm sorry, but we're full

na kolik nocí?
how many nights is it for?

máme jen jednolůžkový pokoj
we only have a single room available

jaké je vaše jméno, prosím?
what's your name, please?

zaregistrovat se můžete od dvanácti hodin
check-in is from midday

pokoje musí být uvolněné před polednem
you have to check out before 11am

snídaně se podává od sedmi třiceti do devíti hodin
breakfast is served between 7.30 and 9.00

budete si ráno přát noviny?
would you like a newspaper in the morning?

váš pokoj ještě není připraven
your room isn't ready yet

zavazadla si můžete nechat tady
you can leave your bags here

YOUTH HOSTELS

Expressing yourself

do you have space for two people for tonight?
máte místo pro dvě osoby na dnes večer?
mate meesto pro dvye osobee na dnes vecher?

we've booked two beds for three nights
zarezervovali jsme si dvě lůžka na tři noci
zarezervovalee ysme see dvye loozhka na trzhee notsee

could I leave my backpack at reception?
můžu si nechat batoh na recepci?
moozhoo see nekhat batokh na retseptsee?

do you have somewhere we could leave our bikes?
můžeme si tady někde nechat kola?
moozheme see tadee nyekde nekhat kola?

I'll come back for it around 7 o'clock
přijdu si pro něj kolem sedmé hodiny
przheeydoo see pro nyey kolem sedme hodyeenee

there's no hot water
neteče teplá voda
neteche tepla voda

the kitchen sink's blocked
dřez neodtéká
drzhez neodteka

Understanding

máte členskou kartu?
do you have a membership card?

lůžkoviny vám poskytneme
bed linen is provided

ACCOMMODATION

hostel bude otevřen od osmnácti hodin
the hostel reopens at 6pm

hostel je otevřen od 8.00 do 22.00 hodin
the hostel is open from 8am to 10pm

SELF-CATERING

Expressing yourself

we're looking for somewhere to rent near the town centre
hledáme pronájem v blízkosti centra
hledáme pronayem v bleezkostyee tsenta

where do we pick up/leave the keys?
kde máme vyzvednout/nechat klíče?
kde máme veezvedno-oot/nechat kleeche?

is electricity included in the price?
je elektřina v ceně?
ye elektrzheena v tsenye?

are bed linen and towels provided?
poskytujete lůžkoviny a ručníky?
poskeetooyete loozhkoveenee a roochnyeekee?

is a car necessary?
je potřeba auto?
ye potrzheba a-ooto?

is there a pool?
je tam bazén?
ye tam bazén?

is the accommodation suitable for elderly people?
odpovídá ubytování potřebám starších lidí?
odpoveeda oobeetovanyee potrzhebam starsheekh leedyee?

where is the nearest supermarket?
kde je nejbližší supermarket?
kde ye neybleezhshee soopermarket?

Understanding

před odjezdem nezapomeňte, prosím, dům uklidit
please leave the house clean and tidy when you leave

je zcela zařízený/vybavený
it's fully furnished/equipped
všechno je v ceně
everything is included in the price

v této oblasti se bez auta neobejdete
you really need a car in this part of the country

CAMPING

Expressing yourself

is there a campsite near here?
je tu blízko kemping?
ye too bleezko kempeeng?

I'd like to book a space for a two-person tent for three nights
chtěl *(m)*/chtěla *(f)* bych rezervovat místo pro stan pro dvě osoby
na tři noci
khtyel/khtyela beekh rezervovat meesto pro stan pro dvye osobee na trzhee notsee

how much is it a night?
jaká je cena za noc?
yaka ye tsena za nots?

where is the shower block?
kde jsou sprchy?
kde yso-oo sprkhee?

can we pay, please? we were at space ...
chtěl *(m)*/chtěla *(f)* bych zaplatit – byli jsme v ...
khtyel/khtyela beekh zaplatyeet – beelee ysme v ...

Understanding

stojí to ... na den a na osobu
it's ... per person per night

přijďte se zeptat, pokud budete cokoli potřebovat
if you need anything, just come and ask

There is a large choice of eating establishments in the Czech Republic. Bar-restaurants (**hospoda**) often serve food from 11am right through to the evening. However, they tend to close quite early (between 10 and 10.30pm). Czechs do not spend long over meals and often have just one course (which could be a starter, a main course or a dessert). In tourist areas, menus are printed in several languages, including English. The weight of portions and price are given next to each dish.

Prices do not include tips. It is customary to leave a tip of about 10% of the total bill. You should give this directly to the waiter or waitress, rather than leaving it on the table. All pubs have table service. There is no "going to the bar" and you settle your bill at the end.

Czechs usually drink draught beer (**točené pivo**) with meals. If you ask for water, you will always be served a bottle of mineral water. Traditional Czech coffee is served black and has a thick sediment – for a change, try a Viennese coffee (coffee with whipped cream on top) or an Algerian coffee (laced with an egg-based liqueur).

The basics

beer	pivo *peevo*
bill	účet *oochet*
black coffee	(černá) káva *(cherna) kava*
bottle	láhev *lahev*
bread	chléb *khleb*
breakfast	snídaně *snyeedanye*
coffee	káva *kava*
Coke®	coca-cola *koka-kola*
dessert	dezert *dezert*, moučník *mo-oochnyeek*
dinner	večeře *vecherzhe*
fruit juice	džus *dzhoos*
lemonade	limonáda *leemonada*
lunch	oběd *obyed*

main course	hlavní jídlo *hlavnyee yeedlo*
menu	jídelní lístek *yeedelnyee leestek*
mineral water	minerální voda *meeneralnyee voda*
red wine	červené víno *chervene veeno*
rosé wine	růžové víno *roozhove veeno*
salad	salát *salat*
sandwich	sendvič *sendveech*
service	obsluha *obslooha*
sparkling *(water)*	perlivá *perleeva*
sparkling *(wine)*	šumivé *shoomeeve*
starter	předkrm *przhedkrm*
still *(water)*	neperlivá *neperleeva*
supper	večeře *vecherzhe*
tea	čaj *chay*
tip	spropitné *spropeetne*
water	voda *voda*
white coffee	káva s mlékem *kava s mlekem*
white wine	bílé víno *beele veeno*
wine	víno *veeno*
wine list	vinný lístek *veennee leestek*
to eat	jíst *yeest*
to have breakfast	snídat *snyeedat*
to have dinner/supper	večeřet *vecherzhet*
to have lunch	obědvat *obyedvat*
to order	objednat si *obyednat see*

Expressing yourself

shall we go and have something to eat?
nepůjdeme si dát něco k jídlu?
nepooydeme see dat nyetso k yeedloo?

do you want to go for a drink?
nezajdeme si na skleničku?
nezaydeme see na sklenyeechkoo?

can you recommend a good restaurant?
mohl *(m)*/mohla *(f)* byste nám doporučit nějakou restauraci?
mohl/mohla beeste nam doporoocheet nyeyako-oo resta-ooratsee?

I'm not very hungry
nemám velký hlad
nem<u>a</u>m velk<u>ee</u> hlad

cheers!
na zdraví!
na zdrav<u>ee</u>!

excuse me! *(to call the waiter)*
prosím vás!
pros<u>ee</u>m v<u>a</u>s!

that was lovely
bylo to výborné
beelo to v<u>ee</u>borne

could you bring us an ashtray, please?
mohl *(m)*/mohla *(f)* byste nám přinést popelník?
mohl/mohla beeste n<u>a</u>m przheen<u>e</u>st popelny<u>ee</u>k?

where are the toilets, please?
kde jsou toalety, prosím vás?
kde yso-oo toaletee, pros<u>ee</u>m v<u>a</u>s?

Understanding

na místě   to eat here
s sebou   takeaway

lituji, po jedenácté hodině jídlo nepodáváme
I'm sorry, we stop serving at 11pm

RESERVING A TABLE

Expressing yourself

I'd like to reserve a table for tomorrow evening
chtěl *(m)*/chtěla *(f)* bych rezervovat stůl na zítra večer
khtyel/khtyela beekh rezervovat st<u>oo</u>l na z<u>ee</u>tra vecher

for two people
pro dvě osoby
pro dvye osobee

around 8 o'clock
kolem osmé hodiny
kolem osme hodyeenee

do you have a table available any earlier than that?
nemáte volný stůl dříve?
nem<u>a</u>te voln<u>ee</u> st<u>oo</u>l drzh<u>ee</u>ve?

I've reserved a table – the name's …
rezervoval *(m)*/rezervovala *(f)* jsem stůl – na jméno …
rezervoval/rezervovala ysem stool – na ymeno …

Understanding

réservé
reserved

na kolikátou hodinu?
for what time?

pro kolik osob?
for how many people?

na jméno?
what's the name?

kuřáci, nebo nekuřáci?
smoking or non-smoking?

máte rezervaci?
do you have a reservation?

vyhovuje vám tenhle stůl v rohu?
is this table in the corner OK for you?

je mi líto, ale teď máme plno
I'm afraid we're full at the moment

ORDERING FOOD

Expressing yourself

yes, we're ready to order
ano, máme vybráno
ano, mame veebrano

no, could you give us a few more minutes?
ne, dáte nám ještě pár minut?
ne, date nam yeshtye par meenoot?

I'd like …
chtěl *(m)*/chtěla *(f)* bych …
khtyel/khtyela beekh …

could I have …?
můžu dostat …?
moozhoo dostat …?

I'm not sure, what's "knedlíky"?
nevím, co jsou "knedlíky"?
neveem, tso yso-oo "knedleekee"?

I'll have that
tak já si to dám
tak ya see to dam

does it come with vegetables?
podává se k tomu zeleninová příloha?
podava se k tomoo zelenyeenova przheeloha?

what are today's specials?
jaká je nabídka dne?
yaka ye nabeedka dne?

what desserts do you have?
jaké máte dezerty?
yake mate dezertee?

a bottle of water, please
láhev vody, prosím
lahev vodee, proseem

a bottle of red/white wine
láhev červeného/bílého vína
lahev cherveneho/beeleho veena

that's for me
to je pro mě
to ye pro mnye

this isn't what I ordered, I wanted …
tohle jsem si neobjednal *(m)*/neobjednala *(f)*, chtěl *(m)*/chtěla *(f)*
 jsem …
tohle ysem see neobyednal/neobyednala, khtyel/khtyela ysem …

could we have some more bread, please?
mohli bychom dostat ještě chleba?
mohlee beekhom dostat yeshtye khleba?

could you bring us another bottle of water, please?
mohl *(m)*/mohla *(f)* byste nám přinést ještě jednu láhev vody?
mohl/mohla beeste nam przheenest yeshtye yednoo lahev vodee?

the same again, please
ještě jednou, prosím
yeshtye yedno-oo, proseem

Understanding

máte vybráno?
are you ready to order?

přijdu za chvíli
I'll come back in a few minutes

lituji, … už nemáme
I'm sorry, we don't have any … left

co si dáte k pití?
what would you like to drink?

přejete si dezert nebo kávu?
would you like dessert or coffee?

bylo všechno v pořádku?
was everything OK?

BARS AND CAFÉS

Expressing yourself

I'd like ...
chtěl (m)/chtěla (f) bych ...
khtyel/khtyela beech ...

a glass of white/red wine
skleničku bílého/červeného vína
sklenyeechkoo beeleho/cherveneho veena

a black/white coffee
černou kávu/kávu s mlékem
cherno-oo kavoo/kavoo s mlekem

a coffee and an apple pie
kávu a jablečný závin
kavoo a yablechnee zaveen

a large beer
velké pivo
velke peevo

a Coke®/a diet Coke®
coca-colu/lehkou colu
koka-koloo/lehhko-oo koloo

a cup of tea with milk/lemon
čaj s mlékem/citrónem
chay s mlekem/tsyeetronem

a cup of hot chocolate
horkou čokoládu
horko-oo chokoladoo

a small beer
malé pivo
male peevo

Understanding

nealkoholický non-alcoholic

co si přejete?
what would you like?

tady je nekuřácký prostor
this is the non-smoking area

můžu vás požádat o zaplacení?
could I ask you to pay now, please?

Some informal expressions

zajít si na skleničku to go for a quick one
být namol/mít opici to be plastered
mít kocovinu to have a hangover
přejedl *(m)*/**přejedla** *(f)* **jsem se** I've eaten too much

THE BILL

Expressing yourself

the bill, please
zaplatím/zaplatíme, prosím
zaplatyeem/zaplatyeeme, proseem

how much do I owe you?
kolik platím?
koleek platyeem?

do you take credit cards?
můžu platit kreditní kartou?
moozhoo platyeet kredeetnyee karto-oo?

I think there's a mistake in the bill
myslím, že je v účtu chyba
meesleem, zhe ye v oochtoo kheeba

is service included?
je obsluha v ceně?
ye obslooha v tsenye?

Understanding

platíte dohromady?
are you all paying together?

ano, obsluha je v ceně
yes, service is included

každý zvlášť?
do you each want to pay separately?

FOOD AND DRINK

Czechs tend to eat quickly. Breakfast (**snídaně**) is often substantial and features cold meats. Lunch (**oběd**) is always soup (even in summer), followed by a main course. Many people do not have a long lunch break and eat in about 15 minutes. They often have a snack (**svačina**) around 4pm. Dinner (**večeře**) is eaten quite early, between 6 and 7pm. It may be all sweet (for example **lívance**, a type of small pancake) or all savoury. On special occasions, however (parties, birthdays and so on), people do enjoy taking their time over a longer and more varied meal.

Understanding

čerstvý	fresh
dobře propečený	well done, cooked through
dušený	stewed, steamed
grilovaný	grilled
kořeněný	spiced
kousky	in pieces
krvavý	rare *(meat)*
nadívaný	stuffed
nepříliš propečený	medium *(meat)*
obalovaný	coated, wrapped
opečený	roasted
osmahnutý	browned
pečený	roasted, baked
plátky	in slices
plněný	stuffed
pyré	puréed, mashed
smažený	fried
studený	cold
sušený	dried
tavený	melted; processed *(cheese)*
uzený	smoked
vařený	boiled

◆ studené a teplé předkrmy cold and hot starters

hlávkový salát	lettuce
moravská klobása	Moravian sausage
rajčatový salát	tomato salad
ruské vejce	egg mayonnaise
šunka v aspiku	ham in aspic, jellied ham
šunkové závitky se šlehačkou a křenem	rolled ham, stuffed with whipped cream and horseradish

◆ polévky soups

bramborová polévka	potato soup
česneková polévka	garlic soup
hovězí vývar s játrovými knedlíčky	soup with boiled beef and small liver dumplings
zeleninová polévka	vegetable soup
zelná polévka s klobásou	cabbage soup with sausage

◆ hlavní jídla main dishes

hovězí guláš	beef goulash
pečená husa	roast goose
pstruh na roštu	grilled trout
smažený sýr	fried cheese
smažený vepřový řízek	Wiener schnitzel (of pork)
svíčková na smetaně s brusinkami	sirloin in cream sauce with cranberries
telecí pečeně na houbách	roasted veal and mushrooms
vepřová pečeně se zelím	roast pork with cabbage

◆ přílohy side dishes

bramboráky	potato pancakes
bramborový salát	potato salad
knedlíky	dumplings *(served in thick slices)*
pečivo	bread; rolls; pastries

◆ moučníky/zákusky desserts, puddings

jablečný závin	apple strudel
lívanečky s borůvkami a šlehačkou	bilberry flapjacks and whipped cream

ovocný knedlík s tvarohem	fruit dumpling and cottage cheese
palačinky	pancakes
zmrzlinový pohár	bowl of ice cream

◆ nápoje drinks

Beer (**pivo**) is the Czech national drink. Most Czech beers are lagers (**světlé pivo** or **ležák**). Black beer (**černé pivo**), a bit like stout, but not as heavy, is also popular. Some people like **řezané**, which is a mix of two beers. Beer is usually served in half-litre glasses, but you can ask for a small beer (**malé pivo**). All are served on tap. Some bars even brew their own beer (for example in Brno in Moravia). The best-known makes include **Plzeňský Prazdroj** (Plzen), **Budvar** (České Budejovice) and **Staropramen** (Prague). Wine (**víno**) is also popular, particularly in the Moravia region which is famous for its vineyards.

It is common to have an after-dinner drink, such as **becherovka** (a plant-based drink made to a secret recipe), **slivovice** (plum brandy) or **vaječný likér** (liqueur made with egg yolks). Mulled wine (**svařené víno**) is very popular in winter.

GLOSSARY OF FOOD AND DRINK

ananas pineapple
banán banana
bažant pheasant
biftek steak *(often fillet)*
bílý chléb white bread
bramborová kaše mashed potatoes
bramborová polévka potato soup
bramborový salát potato salad
brambory potatoes
broskev peach
bylinný čaj herbal tea

celer celery
chlebíčky open sandwiches *(Scandinavian-style)*
cibule onion
citrón lemon
cukr sugar
čaj tea
černý chléb black bread
česnek garlic
čočka lentil
čokoláda chocolate
divočák wild boar
dort cake *(large)*

drůbež poultry
džus (ovocný) (fruit) juice
fazole beans
fazolové lusky bean pods
gulášová polévka goulash soup
hlavní jídlo main course
hořčice mustard
houby mushrooms
hovězí guláš beef goulash
hovězí (maso) beef
hovězí vývar se zeleninou
  beef soup with vegetables
hovězí vývar s nudličkami
  beef soup with vermicelli
hrachová polévka pea soup
hranolky chips, French fries
hrášek peas
husa goose
jablko apple
jahoda strawberry
játra liver
jazyk tongue
jehněčí (maso) lamb
jogurt yogurt
kachna duck
kapr carp
kapusta kale
kapusta (růžičková) Brussels
  sprouts
karbanátky rissoles
kedluben kohl-rabi
klobása sausage
kobliha doughnut
koláč cake
kompot preserved fruit; tinned
  fruit; stewed fruit
králík rabbit
kreveta scampi
krůta turkey

křen horseradish
kukuřice maize, corn
kukuřičné vločky cornflakes
květák cauliflower
kysaná smetana sour cream
kysané zelí sauerkraut
kýta joint *(of meat)*
ledvinky kidney
likér liqueur
lilek aubergine
limonáda lemonade
losos salmon
majonéza mayonnaise
mák poppy seed
malina raspberry
mandarinka mandarin
mandle almond
máslo butter
maso meat
med honey
meloun melon
meruňka apricot
mléko milk
mleté maso mincemeat
mouka flour
mrkev carrot
nudličky thin noodles, vermicelli
ocet vinegar
okurka cucumber; gherkin
okurkový salát cucumber salad
olej oil
olivy olives
omáčka sauce
omeleta omelette
ovoce fruit
ovocné knedlíky fruit dumplings
ovocný koláč fruit cake
paprika paprika; pepper *(red,
  green)*

párek two frankfurter sausages
paštika pâté
pažitka chives
pepř pepper *(ground)*
petržel parsley
pivo beer
plněné papriky stuffed peppers
polévka soup
pomeranč orange
pomerančový džus orange juice
pomfrity chips, French fries
pórek leek
předkrm starter, first course
pstruh trout
ragú ragout, stew
rajčatový salát tomato salad
rajče/rajské jablko tomato
roštěná entrecôte steak
rozinky raisins, currants
ryba fish
rybí polévka fish soup
rýže rice
ředkvička radish
řízek schnitzel, escalope
salám salami
salát salad
skopové (maso) mutton
sladký sweet
slaný salted
smažený kapr fried carp
smažený řízek (fried) schnitzel
smetana cream
smetanová zmrzlina (rich) ice cream
sůl salt
sýr cheese
šlehačka whipped cream

špenát spinach
štika pike
šunka ham
švestka plum
telecí (maso) veal
těsto dough; batter; pastry
těstoviny pasta
tmavý chléb brown bread
točené pivo draught beer
tvaroh cottage cheese
tvarohový koláč cheesecake
tvrdý tvaroh hard version of cottage cheese
uzeniny smoked meats
vajíčko egg
vajíčko na měkko soft-boiled egg
vajíčko na tvrdo hard-boiled egg
vanilka vanilla
vejce egg
vepřové kotlety pork chops
vepřové (maso) pork
víno (hroznové) (grape) wine
vlašský ořech walnut
zajíc hare
zapékané těstoviny s uzeným masem pasta bake with smoked meat
zavařenina (fruit) preserve
zelenina vegetables
zeleninová polévka vegetable soup
zelí cabbage
zelná polévka cabbage soup
zmrzlina ice cream
zvěřina game
žampióny button mushrooms
žloutek egg yolk

Music is very important to the Czechs, and it would be a shame to visit the Czech Republic without hearing a baroque concert in a castle or church, or an opera at Prague's National Opera House. You should respect the custom by dressing smartly: a suit and tie for men, evening dress for women. There may be information on programmes at your hotel, or visit the tourist office (**Informační centrum**), often situated in the town hall in small towns. Details are also given in local newspapers.

Czechs often meet up with friends in the evening for a beer in a **hospoda** (bar or pub which also serves food). If you are invited to somebody's house, it is considered polite to bring something you can share (a bottle of wine or some cakes, for example). People usually remove their shoes when entering a house – your host will provide you with a pair of slippers (**bačkůrky**). Dinner is eaten early, often at around 6pm. The evening usually ends around 11pm.

The basics

ballet	balet *balet*
band, group	skupina *skoopeena*
bar	bar *bar*
cinema	kino *keeno*
circus	cirkus *tseerkoos*
classical music	klasická/vážná hudba *klaseetska/vazhna hoodba*
club	klub *kloob*
concert	koncert *kontsert*
dubbed film	dabovaný film *dabovanee feelm*
festival	festival *festeeval*
film	film *feelm*
folk music	folklórní hudba *folklornyee hoodba*
modern dance	moderní tanec *modernyee tanets*
musical	muzikál *moozeekal*
party	večírek *vecheerek*

53

play	hra *hra*
pop music	populární hudba *popoolarnyee hoodba*
rock music	rocková hudba *rokova hoodba*
show	představení *przhedstavenyee*
subtitled film	film s titulky *feelm s teetoolkee*
theatre	divadlo *dyeevadlo*
ticket	vstupenka *vstoopenka*
to book	rezervovat *rezervovat*
to play	hrát *hrat*

SUGGESTIONS AND INVITATIONS

Expressing yourself

where can we go?
kam můžeme jít?
kam moozheme yeet?

shall we go for a drink?
půjdeme na skleničku?
pooydeme na sklenyeechkoo?

what do you want to do?
co chceš *(sg)*/chcete *(pl, sg polite)* dělat?
tso khtsesh/khtsete dyelat?

what are you doing tonight?
co děláš *(sg)*/děláte *(pl, sg polite)* dnes večer?
tso dyelash/dyelate dnes vecher?

do you have plans?
máš *(sg)*/ máte *(pl, sg polite)* něco v plánu?
mash/mate nyetso v planoo?

would you like to ...?
chceš *(sg)*/chcete *(pl, sg polite)* ...?
khtsesh/khtsete ...?

we were thinking of going to ...
mysleli jsme jít do/na ...
meeslelee ysme yeet do/na ...

I can't today, but maybe some other time
dnes nemůžu, snad někdy jindy
dnes nemoozhoo, snad nyedkee yeendee

I'm not sure I can make it
nevím, jestli budu moct
neveem, yestlee boodoo motst

I'd love to
s radostí
s radostyee

ARRANGING TO MEET

Expressing yourself

what time shall we meet?
v kolik hodin se sejdeme?
v koleek hodyeen se seydeme?

where shall we meet?
kde se sejdeme?
kde se seydeme?

would it be possible to meet a bit later?
bylo by možné sejít se o něco později?
beelo bee mozhne seyeet se o nyetso pozdyeyee?

I have to meet … at nine
v devět hodin se mám sejít s …
v devyet hodyeen se mam seyeet s …

I don't know where it is but I'll find it on the map
nevím, kde to je, ale najdu si to na mapě
neveem, kde to ye, ale naydoo see to na mapye

see you tomorrow night
nashledanou zítra večer
nas-hledano-oo zeetra vecher

I'll meet you later, I have to stop by the hotel first
přijdu za vámi později, musím se nejdřív stavit v hotelu
przheeydoo za vamee pozdyeyee, mooseem se neydrzheev staveet v hoteloo

I'll call/text you if there's a change of plan
zavolám/pošlu SMSku, pokud bude změna programu
zavolam/poshloo esemeskoo, pokood boode zmnyena programoo

are you going to eat beforehand?
budeš po jídle?
boodesh po yeedle?

sorry I'm late
promiň *(sg)*/promiňte *(pl, sg polite)*, že jdu pozdě
promeeny/promeenyte, zhe ydoo pozdye

Understanding

hodí se ti to?
is that ok with you?

přijdu pro tebe kolem osmé hodiny
I'll come and pick you up about 8

sejdeme se přímo tam   **sejdeme se před ...**
I'll meet you there   we can meet outside …

dám ti telefonní číslo, zavolej mi zítra
I'll give you my number and you can call me tomorrow

Some informal expressions

dát/vypít si skleničku to have a drink
něco si zakousnout to have a bite to eat
půjdeme na pivo? shall we go for a beer?
co se hraje v divadle/v kině? what's on at the theatre/cinema?
mám rande s ... I have a date with ...

FILMS, SHOWS AND CONCERTS

Expressing yourself

is there a guide to what's on?
je nějaký kulturní přehled?
ye nyeyakee kooltoornyee przhehled?

I'd like three tickets for ...
chtěl *(m)*/chtěla *(f)* bych tři vstupenky na ...
khtyel/khtyela beekh trzhee vstoopenkee na ...

two tickets, please   **it's called ...**
dva lístky, prosím   jmenuje se to ...
dva leestkee, proseem   *ymenooye se to ...*

what time does it start?
kdy to začíná?
kdee to zacheena?

I've seen the trailer
viděl *(m)*/viděla *(f)* jsem reklamu
veedyel/veedyela ysem reklamoo

I'd like to go and see a show
chtěl *(m)*/chtěla *(f)* bych jít na nějaké představení
khtyel/khtyela beekh yeet na nyeyake przhedstavenyee

I'll find out whether there are still tickets available
půjdu se podívat, jestli ještě mají lístky
pooydoo se podyeevat, yestlee yeshtye mayee leestkee

how long is it on for?
dokdy se to hraje?
dokdee se to hraye?

do we need to book in advance?
je třeba rezervovat předem?
ye trzheba rezervovat przhedem?

are there tickets for another day?
jsou lístky na jiný den?
yso-oo leestkee na yeenee den?

I'd like to go to a bar with some live music
chtěl *(m)*/chtěla *(f)* bych jít do baru poslechnout si živou hudbu
khtyel/khtyela beekh yeet do baroo poslekhno-oot see zheevo-oo hoodboo

are there any free concerts?
jsou koncerty zdarma/s volným vstupem?
yso-oo kontsertee zdarma/s volneem vstoopem?

what sort of music is it?
jaký je to hudební žánr?
yakee ye to hoodebnyee zhanr?

Understanding

matiné	matinée
místa se špatnou viditelností	restricted view
pokladna	box office
rezervace	bookings
trhák	blockbuster
v kinech od ...	on general release from …

je to koncert v plenéru
it's an open-air concert

kritiky jsou velmi příznivé
it's had very good reviews

hraje se od osmi hodin v Lucerně
it's on at 8pm at the Lucerna

toto představení je vyprodané
that showing's sold out

je vyprodáno až do ...
it's all booked up until …

není třeba rezervovat předem
there's no need to book in advance

hra trvá s přestávkou hodinu a půl
the play lasts an hour and a half, including the interval

vypněte si, prosím, mobilní telefony
please turn off your mobile phones

PARTIES AND CLUBS

Expressing yourself

I'm having a little leaving party tonight
dnes večer pořádám malý večírek na rozloučenou
dnes vecher porzhadam malee vecheerek na rozlo-oocheno-oo

should I bring something to drink?
mám přinést něco k pití?
mam przheenest nyetso k peetyee?

we could go to a club afterwards
potom můžeme jít na diskotéku
potom moozheme yeet na deeskotekoo

do you have to pay to get in?
platí se vstupné?
platyee se vstoopne?

I have to meet someone inside
musím jít za někým dovnitř
mooseem yeet za nyekeem dovnyeetrzh

will you let me back in when I come back?
pustíte mě dovnitř, až se budu vracet?
poostyeete mnye dovnyeetrzh, azh se boodoo vratset?

the DJ's really cool
diskžokej je fakt perfektní/super
deeskzhokey ye fakt perfektnyee/sooper

do you come here often?
chodíš sem často?
khodyeesh sem chasto?

can I buy you a drink?
můžu tě *(sg)*/vás *(pl, sg polite)* pozvat na skleničku?
moozhoo tye/vas pozvat na sklenyeechkoo?

thanks, but I'm here with my boyfriend
děkuji, ale jsem tady s přítelem
dyekooye, ale ysem tadee s przheetelem

no thanks, I don't smoke
ne, děkuji, nekouřím
ne, dyekooye, neko-oorzheem

Understanding

dvě stě korun po půlnoci	200 koruny after midnight
konzumace zdarma	free drink
šatna	cloakroom

u Zuzky je večírek	**chceš si zatancovat?**
there's a party at Zuza's place	do you want to dance?
smím prosit	**nechceš něco k pití?**
may I have the next dance?	can I buy you a drink?
nemáš oheň?	**nemáš cigaretu?**
have you got a light?	have you got a cigarette?

uvidíme se ještě?
can we see each other again?

můžu tě *(sg)*/**vás** *(pl, sg polite)* **doprovodit?**
can I see you home?

TOURISM AND SIGHTSEEING

Every region has its own local newspaper, in which you can find the opening hours for castles, museums and so on. Prague has a monthly "what's on" guide called **Přehled kulturních pořadů**.

There are many castles and fortresses to visit in the Czech Republic. These are normally open to the public from April to September/October, Tuesday to Sunday. Visits are always by guided tour.

Saying that you are a foreign student is normally enough to grant you student discounts to tourist attractions. It is rare to be asked to show your student card, but you should take it with you just in case.

The basics

ancient	starý *staree*
antique	starobylý *starobeelee*
area	čtvrť *chtvrty*
castle	hrad *hrad*
château	zámek *zamek*
cathedral	katedrála *katedrala*
century	století *stoletyee*
church	kostel *kostel*
exhibition	výstava *veestava*
gallery	galerie *galeriye*
modern art	moderní umění *modernyee oomnyenyee*
museum	muzeum *moozeoom*
painting	malířství *maleerzhstvee*
park	park *park*
ruins	zřícenina *zrzheetsenyeena*
sculpture	sochařství *sokharzhstvee*
statue	socha *sokha*
street map	plán města *plan mnyesta*

synagogue	synagoga *seenagoga*
tour guide	průvodce *proovodtse*
tourist	turista *tooreesta*
tourist information centre	turistické informační centrum *tooreesteetske informachnyee tsentroom*
town centre	centrum *tsentroom*

Expressing yourself

I'd like some information on …
chtěl *(m)*/chtěla *(f)* bych nějaké informace o …
khtyel/khtyela beekh nyeyake informatse o …

can you tell me where the tourist information centre is?
kde najdu turistické informační centrum?
kde naydoo tooreesteetske informachnyee tsentroom?

do you have a street map of the town?
máte plán města?
mate plan mnyesta?

I was told there's an old abbey you can visit
slyšel *(m)*/slyšela *(f)* jsem, že je tu staré opatství, které je možno navštívit
sleeshel/sleeshela ysem, zhe ye too opatstvee, ktere ye mozhno navshtyeeveet

can you show me where it is on the map?
můžete mi to ukázat na mapě?
moozhete mee to ookazat na mapye?

how do you get there?
jak se tam dostanu?
yak se tam dostanoo?

is it free?
je to zdarma?
ye to zdarma?

Understanding

barokní	baroque
gotický	Gothic
jste zde	you are here *(on a map)*
otevřeno	open

prohlídka s průvodcem	guided tour
rekonstrukce/renovace	renovation
restaurace	restoration work
románský	Roman
secesní	Art Nouveau
staré město	old town
středověký	medieval
válka	war
vpád	invasion
vstup zdarma	admission free
zavřeno	closed

musíte se informovat na místě
you'll have to ask when you get there

další prohlídka začíná ve 14 hodin
the next guided tour starts at 2 o'clock

MUSEUMS, EXHIBITIONS AND MONUMENTS

Expressing yourself

I've heard there's a very good exhibition on ... at the moment
teď je prý velmi zajímavá výstava ...
tedy ye pree velmee zayeemava veestava ...

how much is it to get in?
kolik stojí vstupné?
koleek stoyee vstoopne?

is it open on Sundays?
je otevřeno v neděli?
ye otevrzheno v nedyelee?

is this ticket valid for the exhibition as well?
je vstupenka platná i na výstavu?
ye vstoopenka platna ee na veestavoo?

are there any discounts for young people?
jsou slevy pro mládež?
yso-oo slevee pro mladezh?

two concessions and one full price, please
dva lístky se slevou a jeden plný tarif
dva leestkee se slevo-oo a yeden plnee tareef

I have a student card
mám studentskou průkazku
*m**a**m st**oo**dentsko-oo pr**oo**kazkoo*

Understanding

audioprůvodce	audioguide
nedotýkejte se, prosím	please do not touch
pokladna	ticket office
směr prohlídky	this way
stálá expozice	permanent exhibition
ticho, prosím	silence, please
výstava	temporary exhibition
zákaz fotografování	no photography
zákaz fotografování s bleskem	no flash photography

vstup do muzea stojí ...
admission to the museum costs …

s touto vstupenkou můžete i na výstavu
this ticket also allows you access to the exhibition

máte studentskou průkazku?
do you have your student card?

GIVING YOUR IMPRESSIONS

Expressing yourself

it's beautiful
je to nádherné
*ye to n**a**dherne*

it was beautiful
bylo to nádherné
*beelo to n**a**dherne*

it's fantastic
je to skvělé
*ye to skvyel**e***

it was fantastic
bylo to skvělé
*beelo to skvyel**e***

I really enjoyed it
moc se mi to líbilo
*mots se mee to l**ee**beelo*

I didn't like it that much
moc se mi to nelíbilo
*mots se mee to nel**ee**beelo*

it was a bit boring
bylo to trochu nudné
beelo to trokhoo noodne

I'm not really a fan of modern art
nejsem příznivcem moderního umění
neysem przheeznyeevtsem modernyeeho oomnyenyee

it's expensive for what it is
je to příliš drahé na to, co to je
ye to przheeleesh drahe na to, co to ye

it was really crowded
bylo tam strašně moc lidí
beelo tam strashnye mots leeyee

it's very touristy
je to turistická atrakce
ye to tooreesteetska atraktse

we didn't go in the end, the queue was too long
nakonec jsme tam nešli, byla tam moc velká fronta
nakonets ysme tam neshlee, beela tam mots velka fronta

we didn't have time to see everything
neměli jsme čas všechno si prohlédnout
nemnyelee ysme chas vshekhno see prohlednoot

Understanding

malebný	picturesque
slavný	famous
tradiční	traditional
typický	typical

určitě se musíš/musíte jít podívat na ...
you really must go and see …

doporučuji jít/jet do/na ...
I recommend going to …

je tam nádherný výhled na celé údolí
there's a wonderful view over the whole city

stalo se to turisticky vyhledávaným místem
it's become a bit too touristy

krajina byla úplně zničena
the region has been completely ruined

SPORTS AND GAMES

Sport is very popular in the Czech Republic. The Czechs are great football fans, with **Sparta** and **Slavia** the best-known teams. The most popular sport in the country, however, is ice hockey. Even small towns hold regular friendly matches, and nobody misses the annual television coverage of the world ice hockey championships. Many other sports are also shown on Czech TV (such as volleyball, football and tennis).

The country is surrounded by mountains which offer hiking in summer (for example in Šumava National Park, a UNESCO World Heritage Site) and skiing in winter (both cross-country and downhill). In summer, you can also go canoeing or kayaking.

The Czech Republic also has its very own sport, known as **nohejbal**. This is similar to volleyball except that the players must kick the ball over the net, which is about the height of a tennis net. In addition, an international motorcycle Grand Prix is held in Brno in Moravia in August.

The basics

ball	*(large)* míč *meech*; *(small)* míček *meechek*
basketball	basketbal *basketbal*
board game	společenská hra *spolechenska hra*
cards	karty *kartee*
chess	šachy *shakhee*
cross-country skiing	běh na lyžích *byekh na leezheekh*
cycling	jízda na kole *yeezda na kole*
downhill skiing	sjezd na lyžích *syezd na leezheekh*
football	fotbal *fotbal*, kopaná *kopana*
hiking path	turistická stezka *tooreesteetska stezka*
match	zápas *zapas*
mountain biking	jízda na horském kole *yeezda na horskem kole*
pool *(game)*	kulečník *koolechnyeek*
rugby	rugby *roogbee*

snowboarding	jezdit na snowboardu *yezdyeet na sno-ooobordoo*
sport	sport *sport*
surfing	jezdit na surfu *yezdyeet na soorfoo*
swimming	plavání *plavanyee*
swimming pool	bazén *bazen*
table football	stolní fotbal *stolnyee fotbal*
tennis	tenis *tenees*
trip	výlet *veelet*
to go cross-country skiing	jezdit na běžkách *yezdyeet na byezhkakh*
to go downhill skiing	jezdit na sjezdovkách *yezdyeet na syezdovkakh*
to go hiking	chodit na túry *khodyeet na tooree*
to go mountain biking	jezdit na horském kole *yezdyeet na horskem kole*
to have a game of ...	hrát ... *hrat ...*
to play	hrát *hrat*
to ski, to go skiing	lyžovat *leezhovat*

Expressing yourself

I'd like to hire ... for an hour
chtěl *(m)*/chtěla *(f)* bych si na hodinu půjčit ...
khtyel/khtyela beekh see na hodyeenoo pooycheet ...

are there ... lessons available?
je možné vzít si hodiny ...?
ye mozhne vzeet see hodyeenee ...?

how much is it per person per hour?
kolik stojí hodina na osobu?
koleek stoyee hodyeena na osoboo?

I'm not very sporty
nejsem moc sportovně založený *(m)*/založená *(f)*
neysem mots sportovnye zalozhenee/zalozhena

I've never done it before
nikdy jsem to nedělal *(m)*/nedělala *(f)*
nyeekdee ysem to nedyelal/nedyelala

I've done it once or twice, a long time ago
zkoušel *(m)*/zkoušela *(f)* jsem to jednou nebo dvakrát, už je to
 dlouho
zko-ooshel/zko-ooshela ysem to yedno-oo nebo dvakr<u>a</u>t, uzh ye to dlo-ooho

I'm exhausted!
už nemůžu!
uzh nem<u>oo</u>zhoo!

I'd like to go and watch a football match
rád *(m)*/ráda *(f)* bych se šel *(m)*/šla *(f)* podívat na fotbalový zápas
r<u>a</u>d/r<u>a</u>da beekh se shel/shla pody<u>ee</u>vat na f<u>o</u>tbalov<u>ee</u> z<u>a</u>pas

shall we stop for a picnic?
nezastavíme se na piknik?
nezastav<u>ee</u>me se na peekneek?

we played …
hráli jsme ...
hr<u>a</u>lee ysme …

Understanding

půjčovna ... … for hire

umíte to trochu, nebo jste úplný začátečník?
do you have any experience, or are you a complete beginner?

musíte složit kauci ve výši ...
there is a deposit of …

pojištění stojí ... a je povinné
insurance is compulsory and costs …

HIKING

Expressing yourself

are there any hiking paths around here?
jsou tady turistické stezky?
yso-oo tadee t<u>oo</u>reesteetsk<u>e</u> stezhkee?

can you recommend any good walks in the area?
jakou túru byste nám tady v okolí doporučil *(m)*/doporučila *(f)*?
yako-oo t<u>oo</u>roo beeste n<u>a</u>m tadee v okol<u>ee</u> doporoocheel /doporoocheela?

I've heard there's a nice walk by the lake
podél břehu jezera je prý velmi příjemná procházka
podel brzhehoo yezera ye pree velmee przheeyemna prokhazka

we're looking for a short walk somewhere round here
dá se jít tady poblíž na malou procházku?
da se yeet tadee pobleezh na malo-oo prokhazkoo?

can I hire hiking boots?
můžu si půjčit sportovní boty?
moozhoo see pooycheet sportovnyee botee?

how long does the hike take?
jak dlouho ten výlet trvá?
yak dlo-ooho ten veelet trva?

is it very steep?
je velké stoupání?
ye velke sto-oopanyee?

where's the start of the path?
kde stezka začíná?
kde stezhka zacheena?

is the path waymarked?
je cesta značená?
ye tsesta znachena?

is it a circular path?
je cesta okružní?
ye tsesta okroozhnyee?

Understanding

průměrná doba (cesty)   average duration *(of walk)*

cesta trvá asi tři hodiny včetně přestávek
it's about three hours' walk including rest stops

nepromokavou bundu a sportovní obuv s sebou
bring a waterproof jacket and some walking shoes

SKIING AND SNOWBOARDING

Expressing yourself

I'd like to hire skis, sticks and boots
chtěl *(m)*/chtěla *(f)* bych si půjčit lyže, hůlky a lyžařské boty
khtyel/khtyela beekh see pooycheet leezhe, hoolkee a leezharzhke botee

I'd like to hire a snowboard
chtěl (m)/chtěla (f) bych si půjčit snowboard
khtyel/khtyela beekh see poocheet sno-oobord

they're too big/small
jsou moc velké/malé
yso-oo mots velke/male

a day pass
permanentka na den
permanentka na den

I'm a complete beginner
jsem úplný začátečník
ysem ooplnee zachatechnyeek

Understanding

kotouč, kotva	T-bar, button lift
permanentka, předplatné	lift pass
sedačková lanovka	chair lift
vlek	ski lift

OTHER SPORTS

Expressing yourself

where can we hire bikes?
kde je možné půjčit si kola?
kde ye mozhne see poocheet kola?

are there any cycle paths?
jsou tady cyklistické stezky?
yso-oo tadee tseekleesteetske stezhkee?

does anyone have a football?
nemá někdo fotbalový míč?
nema nyekdo fotbalovee meech?

I support ...
fandím ...
fandyeem ...

which team do you support?
kterému týmu fandíš/fandíte?
kteremoo teemoo fandyeesh/fandyeete?

is there an open-air swimming pool?
je tady plovárna?
ye tadee plovarna?

I run for half an hour every morning
každé ráno půl hodiny běhám
kazhde rano pool hodyeenee byeham

what do I do if the kayak capsizes?
co mám dělat, když se kajak převrátí?
tso m<u>a</u>m dyelat, kdeezh se kayak przhevr<u>a</u>ty<u>ee</u>?

Understanding

blízko nádraží je tenisový kurt
there's a public tennis court not far from the station

tenisový kurt je už obsazený
the tennis court's occupied

už jste jel *(m)*/**jela** *(f)* **na koni?**
is this the first time you've been horse-riding?

umíš *(sg)*/**umíte** *(pl)* **plavat?**
can you swim?

umíš *(sg)*/**umíte** *(pl)* **hrát basket?**
do you play basketball?

INDOOR GAMES

Expressing yourself

shall we have a game of cards?
dáme si partičku karet?
d<u>a</u>me see partyeechkoo karet?

does anyone know any good card games?
zná někdo dobrou karetní hru?
zn<u>a</u> nyekdo dobro-oo karetny<u>ee</u> hroo?

is anyone up for a game of Monopoly®?
chce si se mnou někdo zahrát Monopoly?
khtse see se mno-oo nyekdo zahr<u>a</u>t Monopolee?

it's your turn
hra je na tobě *(sg)*/**vás** *(pl, sg polite)*
hra ye na tobye/v<u>a</u>s

Understanding

umíš *(sg)*/**umíte** *(pl, sg polite)* **hrát šachy?**
do you know how to play chess?

máš *(sg)*/**máte** *(pl, sg polite)* **karty?**
do you have a pack of cards?

Some informal expressions

do toho, do toho, do toho! here we go, here we go, here we go!

my chceme gól give us a goal!

soudce ven! off with the ref!

úplně mě rozdrtil he totally thrashed me

jsem vyřízený I'm absolutely knackered

no tak! come on!

Shops are open from 7 or 8am to 6 or 6.30pm, usually from Monday to Friday and Saturday mornings. Opening hours are, however, more flexible in the tourist areas of Prague. In the run-up to Christmas, shops tend to stay open later and may even be open on Sundays.

Small, specialist shops are more common than supermarkets. Prague has some typically Czech department stores such as **Kotva** (open every day with late-night shopping on Thursdays) and **Bílá labuť**. Shopping centres are beginning to spring up on the outskirts of big cities.

You will find small grocers' shops (**potraviny**) in all towns. When buying products by weight, such as cold meats or cheese, you should give the amount you want in decagrams (units of 10 grams: **deka(gram)**, abbreviated to **dkg**, eg 50 dkg = 500 g). It is customary to take a basket or trolley, even if you don't buy anything.

Markets are held from Monday to Saturday. They sell fruit, vegetables, flowers and clothes. Clothes sizes are European (see Conversion tables, p 190).

Prices always include VAT (**DPH**). Credit cards are accepted in most large stores, although small grocers' shops only take cash.

The currency is the Czech **koruna** (**Kč**), divided into a hundred **haléř**.

You will hear prices given in two ways, either with or without the currency: for example, 75.50 would be **sedmdesát pět korun a padesát haléřů** *sedmdesat pyet koroon a padesat halerzhoo* or **sedmdesát pět padesát** *sedmdesat pyet padesat*.

Some informal expressions

to je zlodě]ina! that's a rip-off
nemám ani halíř/vindru/floka I'm skint
je to neskutečně drahé it costs an arm and a leg
to je zadarmo it costs nothing
to je krádež za bílého dne that's daylight robbery
dostaneš to za pusinku/za hezké oči you can get it for a song

The basics

bakery	pekařství *pekarzhstvee*
butcher's	řeznictví *rzheznyeetsvee*
cash desk, checkout	pokladna *pokladna*
cheap	levný *levnee*, laciný *latseenee*
clothes	oblečení *oblechenyee*
department store	obchodní dům *obkhodnyee doom*
expensive	drahý *drahee*
gram	gram *gram*
greengrocer's	ovoce a zelenina *ovotse a zelenyeena*
hypermarket	hypermarket *heepermarket*
kilo	kilo *keelo*
present	dárek *darek*
price	cena *tsena*
receipt	účtenka *oochtenka*
sales	výprodej *veeprodey*
sales assistant	prodavač *(m)*/prodavačka *(f) prodavach/ prodavachka*
shop	obchod *obkhod*
shopping centre	nákupní centrum *nakoopnyee tsentroom*
souvenir	suvenýr *soovenyeer*
supermarket	supermarket *soopermarket*
to buy	kupovat/koupit *koopovat/ko-oopeet*
to cost	stát *stat*
to pay	platit/zaplatit *platyeet/zaplatyeet*
to refund	vracet/vrátit peníze *vratset/vratyeet penyeeze*
to sell	prodávat/prodát *prodavat/prodat*

Expressing yourself

is there a supermarket near here?
je tady někde blízko supermarket?
ye tadee nyekde bleezko soopermarket?

where can I buy cigarettes?
kde se dají koupit cigarety?
kde se dayee ko-oopeet tseegaretee?

I'd like ...
chtěl *(m)*/chtěla *(f)* bych ...
khtyel/khtyela beekh ...

I'm looking for ...
sháním ...
s-hanyeem ...

do you sell ...?
máte ...?
mate ...?

do you know where I might find some ...?
nevíte, kde bych dostal *(m)*/dostala *(f)* ...?
neveete, kde beekh dostal/dostala ...?

can you order it for me?
můžete mi to objednat?
moozhete mee to obyednat?

how much is this?
kolik stojí tohle?
koleek stoyee tohle?

I'll take it
vezmu si to
vezmoo see to

that's everything, thanks
to je všechno, děkuji
to ye vshekhno, dyekooyee

I haven't got much money
nemám moc peněz
nemam mots penyez

I haven't got enough money
nemám dost peněz
nemam dost penyez

can I have a (plastic) bag?
dal *(m)*/dala *(f)* byste mi (igelitovou) tašku?
dal/dala beeste mee (eegeleetovo-oo) tashkoo?

you've made a mistake with my change
spletl *(m)*/spletla *(f)* jste se při vracení peněz
spletl/spletla yste se przhee vratsenyee penyez

Understanding

nabídka/sleva	special offer
otevřeno od ... do ...	open from ... to ...
v neděli zavřeno	closed Sundays
výprodej	sales
zavřeno od 12 do 14h	closed 12 to 2 pm
další přání?	**chcete tašku?**
will there be anything else?	would you like a bag?

PAYING

Expressing yourself

where do I pay?
kde můžu zaplatit?
*kde m**oo**zhoo za**plat**yeet?*

how much do I owe you?
kolik platím?
*koleek plat**yeem**?*

could you write it down for me, please?
můžete mi to napsat, prosím vás?
*m**oo**zhete mee to **nap**sat, pros**eem** vas?*

can I pay by credit card?
můžu platit kreditní kartou?
*m**oo**zhoo **plat**yeet kr**edeet**ny**ee** karto-oo?*

I'll pay in cash
platím v hotovosti
*plat**yeem** v hotovost**yee***

can I have a receipt?
můžu dostat účtenku?
*m**oo**zhoo **dos**tat **oo**chtenkoo?*

I'm sorry, I haven't got any change
nemám bohužel drobné
*nem**am** bohoo**zhel drob**ne*

Understanding

plaťte u pokladny	pay at the cash desk
jak platíte?	**nemáte menší (bankovky)?**
how would you like to pay?	do you have anything smaller?

SHOPPING

75

tady se podepište, prosím
could you sign here, please?

váš průkaz totožnosti, prosím
have you got any ID?

FOOD

Expressing yourself

where can I buy food around here?
kde se tady dají koupit potraviny?
kde se tadee dayee ko-oopeet potraveenee?

is there a market?
je tady trh?
ye tadee trkh?

is there a bakery around here?
je tady někde pekařství?
ye tadee nyekde pekarzhstvee?

I'm looking for the cereal aisle
hledám cereální produkty
hledam tserealnyee prodooktee

I'd like five slices of ham
chtěl (m)/chtěla (f) bych pět plátků šunky
khyel/khtyela beekh pyet platkoo shoonkee

I'd like some of that goat's cheese
chtěl (m)/chtěla (f) bych kousek tohoto kozího sýra
khtyel/khtyela beekh ko-oosek tohoto kozeeho seera

about 300 grams
asi třicet deka
asee trzheetset deka

it's for four people
je to pro čtyři osoby
ye to pro chteerzhe osobee

a kilo of apples, please
kilo jablek, prosím
keelo yablek, proseem

a bit less/more
trochu víc/míň
trokhoo veets/meeny

can I taste it?
můžu ochutnat?
moozhoo okhootnat?

Understanding

místní speciality   local specialities

76

bio/biologický	organic
domácí	homemade
spotřebujte do ...	use by ...
lahůdky	delicatessen

trh je každý den do třinácti hodin
there's a market every day until 1pm

na rohu ulice je koloniál a má otevřeno dlouho do noci
there's a grocer's just on the corner that's open late

CLOTHES

Expressing yourself

I'm looking for the menswear section
hledám pánské oddělení
hledam panske oddyelenyee

no thanks, I'm just looking
ne, děkuji, jen se podívám
ne, dyekooyee, yen se podyeevam

can I try it on?
můžu si to vyzkoušet?
moozhoo see to veezko-ooshet?

I'd like to try the one in the window
chtěl *(m)*/chtěla *(f)* bych si vyzkoušet ten za výlohou
khtyel/khtyela beekh see veezko-ooshet ten za veeloho-oo

I take a size 39 *(in shoes)*
mám číslo třicet devět
mam cheeslo trzheetset devyet

where are the changing rooms?
kde jsou (zkušební) kabiny?
kde yso-oo (zkooshebnyee) kabeenee?

it doesn't fit
nesedí mi
nesedyee mee

it's too big/small
je to moc velké/malé
ye to mots velke/male

do you have it in another colour?
nemáte jinou barvu?
nemate yeeno-oo barvoo?

do you have it in a smaller/bigger size?
máte větší/menší číslo?
mate vyetshee/menshee cheeslo?

do you have them in red?
máte je v červené barvě?
*m**a**te ye v cherven**e** b**a**rvye?*

yes, that's fine, I'll take them
ano, dobře, vezmu si je
*ano, d**o**brzhe, vezmoo see ye*

no, I don't like it
ne, nelíbí se mi
*ne, nel**ee**bee se mee*

I'll think about it
ještě si to rozmyslím
*yeshtye see to rozmees**lee**m*

I'd like to return this, it doesn't fit
chtěl *(m)*/chtěla *(f)* bych tohle vrátit, nesedí mi to
*kht**yel**/kht**yel**a beekh t**o**hle vr**a**tyeet, nesed**yee** mee to*

this has a hole in it, can I get a refund?
je to roztržené, chtěl *(m)*/chtěla *(f)* bych zpátky peníze
*ye to rozt**r**zhen**e**, kht**yel**/kht**yel**a beekh zp**a**tkee pen**yee**ze*

Understanding

zkušební kabiny	changing rooms
zboží nakoupené ve výprodeji nebereme zpět	sale items cannot be returned
otevřeno v neděli	open Sunday
dětské oděvy	children's clothes
dámské oděvy	ladieswear
pánské oděvy	menswear
dámské prádlo	lingerie

dobrý den, co si přejete?
hello, can I help you?

máme ho jen v modré nebo v černé barvě
we only have it in blue or black

máme už jen tuto velikost
we don't have any left in that size

padne mi
it's a good fit

sluší vám to
it suits you

můžete to vrátit, pokud se vám to nehodí
you can bring it back if you're not satisfied

SOUVENIRS AND PRESENTS

Expressing yourself

I'm looking for a present to take home
rád (m)/ráda (f) přivezl (m)/přivezla (f) domů nějaký dárek
rad/rada beekh przheevezl/przheevezla domoo nyeyakee darek

I'd like something that's easy to transport
chtěl (m)/chtěla (f) bych něco, co se dá snadno převážet
khtyel/khtyela beekh nyetso, tso se da snadno przhevazhet

it's for a little girl of four
je to pro čtyřletou holčičku
ye to pro chteerzhleto-oo holcheechkoo

could you gift-wrap it for me?
můžete mi to zabalit jako dárek?
moozhete mee to zabaleet yako darek?

Understanding

dřevěný/stříbrný/zlatý/vlněný   made of wood/silver/gold/wool
ruční práce   handmade
tradiční výrobek   traditionally made product

v jaké ceně?
how much do you want to spend?

jako dárek?
is it for a present?

je to typický krajový výrobek
it's typical of the region

The basics

black and white	černobílý *chernobeelee*
camera	fotoaparát *fotoaparat*, foťák *fotyak*
colour	barevný *barevnee*
copy	exemplář *eksemplarzh*
digital camera	digitální fotoaparát *deegeetalnyee fotoaparat*
disposable camera	fotoaparát na jedno použití *fotoaparat na yedno po-oozheetyee*
exposure	osvit, *osveet*, expozice *ekspozeetse*
film	film *feelm*
flash	blesk *blesk*
glossy	lesklý *lesklee*
matt	matný *matnee*
memory card	paměťová karta *pamnyetyova karta*
negative	negativ *negateev*
passport photo	pasová fotka *pasova fotka*
photo	snímek *snyeemek*, fotka *fotka*
photo booth	fotoautomat *fotoa-ootomat*
photography	fotografie *fotografeeye*
reprint	přiobjednávka *przheeobyednavka*
slide	diapozitiv *deeapozeeteev*
to get photos developed	dát vyvolat fotky *dat veevolat fotkee*
to take a photo/ photos	fotit/vyfotit *fotyet/veefotyet*

Expressing yourself

could you take a photo of us, please?
můžete nás vyfotit?
moozhete nas vyfotyeet?

you just have to press this button
stačí stisknout tenhle knoflík
stachee styeeskno-oot tenhle knofleek

I'd like a 200 ASA colour film
chtěl *(m)*/chtěla *(f)* bych barevný film dvě stě ASA
khtyel/khtyela beekh barevnee feelm dvye stye asa

do you have black and white films?
máte černobílé filmy?
mate chermobeele feelmee?

how much is it to develop a film of 36 photos?
kolik stojí vyvolání filmu s třiceti šesti snímky?
koleek stoyee veevolanyee feelmoo s trzheetsetyee shestyee snyeemkee?

I'd like to have this film developed
chtěl *(m)*/chtěla *(f)* bych dát vyvolat tenhle film
khtyel/khtyela beekh dat veevolat tenhle feelm

I'd like extra copies of some of the photos
chtěl *(m)*/chtěla *(f)* bych dát přidělat některé fotky
khtyel/khtyela beekh dat przheedyelat nyektere fotkee

three copies of this one and two of this one
třikrát tenhle a dvakrát tento
trzheekrat tenhle a dvakrat tento

do you sell memory cards?
prodáváte paměťové karty?
prodavate pamnyetyove kartee?

can I print my digital photos here?
můžu si tady (nechat) vytisknout digitální fotky?
moozhoo see tadee (nekhat) veetyeeskno-oot deegeetalnye fotkee?

can you put these photos on a CD for me?
můžete mi uložit tyhle fotky na CD?
moozhete mee oolozheet teehle fotkee na tsede?

I've come to pick up my photos
jdu si pro fotky
ydoo see pro fotkee

I've got a problem with my camera
mám problém s fotoaparátem
mam problem s fotoaparatem

I don't know what it is
nevím, co to je
neveem, tso to ye

the flash doesn't work
blesk nefunguje
blesk nefoongooye

Understanding

expresní servis	express service
fotky na CD	photos on CD
standardní formát	standard format
vyvolání do hodiny	photos developed in one hour

možná došla baterie
maybe the battery's dead

máme přístroj pro tisk digitálních fotek
we have a machine for printing digital photos

je to na jméno?
what's the name, please?

na kdy si je přejete?
when do you want them for?

můžeme vám je vyvolat do hodiny
we can develop them in an hour

vaše fotky budou hotové ve čtvrtek v poledne
your photos will be ready on Thursday at noon

PHOTOS

BANKS

There are cashpoints throughout the Czech Republic, and most take all types of cards; however, you will be charged for cash withdrawals. They usually allow you to make your transactions in a variety of languages. You can also change cash or Travellers Cheques in banks. Banks are usually open from 8 or 9am to 5 or 6pm, Monday to Friday. The exchange rate from Czech crowns back into pounds can be rather disadvantageous once you get home, so it's best to spend your Czech money while you're there or use the bureau de change facility at the airport.

The basic unit of currency is the crown (**koruna**). A pound sterling is **libra**.

Some informal expressions
kačka crown
prachy cash

The basics

bank	banka *banka*
bank account	bankovní konto *bankovnyee konto*, účet *oochet*
banknote	bankovka *bankovka*
bureau de change	směnárna *smnyenarna*
cashpoint	bankomat *bankomat*
change	směna *smnyena*
cheque	šek *shek*
coin	mince *meentse*
commission	komisní poplatek *komeesnyee poplatek*
credit card	kreditní karta *kredeetnyee karta*
money	peníze *penyeeze*
PIN (number)	tajný kód *taynee kod*, kód PIN *kod peen*

transfer	převod *przhevod*, poukaz *po-ookaz*
Travellers Cheques®	cestovní šeky *tsestovnyee shekee*
withdrawal	výběr *veebyer*
to change	vyměnit *veemnyenyeet*
to withdraw	vybrat (peníze) *veebrat (penyeeze)*

Expressing yourself

where I can get some money changed?
kde si můžu vyměnit peníze?
kde see moozhoo veemnyenyeet penyeeze?

are banks open on Saturdays?
mají banky otevřeno v sobotu?
mayee bankee otevrzheno v sobotoo?

I'm looking for a cashpoint
hledám bankomat
hledam bankomat

I'd like to change £100
chtěl *(m)*/chtěla *(f)* bych vyměnit sto liber za koruny
khtyel/khtyela beekh veemnyenyeet sto leeber za koroonee

what commission do you charge?
jaký je komisní poplatek?
yakee ye komeesnyee poplatek?

I'd like to transfer some money
chtěl *(m)*/chtěla *(f)* bych dát příkaz k převodu
khtyel/khtyela beekh dat przheekaz k przhevodoo

I'd like to report the loss of my credit card
chtěl *(m)*/chtěla *(f)* bych nahlásit ztrátu kreditní karty
khtyel/khtyela beech nahlaseet ztratoo kredeetnyee kartee

the cashpoint has swallowed my card
bankomat mi zadržel kartu
bankomat mee zadrzhel kartoo

Understanding

zasuňte kartu
please insert your card

zadejte PIN
please enter your PIN number

zvolte částku výběru
please select amount for withdrawal

výběr s potvrzenkou
withdrawal with receipt

výběr bez potvrzenky
withdrawal without receipt

zvolte požadovanou částku
please select the amount you require

mimo provoz
out of service

POST OFFICES

Post offices can be identified by their yellow and blue logo. They are usually open from 8am to 4pm, Monday to Friday. There is at least one in each town. Many of them also act as savings banks; signs at each counter show you which services are available there. The central post office in Prague (**Hlavní pošta, Jindřišská 14**) is open until midnight.

There is a single rate for letters and postcards. You can buy stamps in post offices, tobacconists (**trafika**) and souvenir shops. Note that post can take some time to reach its destination. Letter boxes are orange.

The basics

airmail	letecky *letetskee*
envelope	obálka *obalka*
letter	dopis *dopees*
mail	pošta *poshta*
parcel	balík *baleek*
post	pošta *poshta*
postbox	poštovní schránka *poshtovnyee skhranka*
postcard	pohled *pohled*, pohlednice *pohlednyeetse*
postcode	poštovní směrovací číslo *poshtovnyee smnyerovatsee cheeslo*, PSČ *pe es che*
post office	pošta *poshta*
stamp	známka *znamka*
to post	*(send)* posílat/poslat *poseelat/poslat*; *(put in mailbox)* hodit do schránky *hodyeet do skhrankee*
to receive	dostávat/dostat *dostavat/dostat*
to send	posílat/poslat *poseelat/poslat*
to write	psát/napsat *psat/napsat*

Expressing yourself

is there a post office around here?
je tady někde pošta?
ye tadee nyekde poshta?

is there a postbox near here?
je tady někde poštovní schránka?
ye tadee nyekde poshtovnyee skhranka?

is the post office open on Saturdays?
je pošta otevřená v sobotu?
ye poshta otevrzhena v sobotoo?

what time does the post office close?
v kolik hodin se na poště zavírá?
v koleek hodyeen se na poshtye zaveera?

do you sell stamps?
prodáváte známky?
prodavate znamkee?

I'd like three stamps for the UK, please
chtěl *(m)*/chtěla *(f)* bych tři známky do Velké Británie, prosím
khtyel/khtyela beekh trzhee znamkee do velke breetaneeye, proseem

how long will it take to arrive?
za jak dlouho dojde?
za yak dlo-ooho doyde?

where can I buy envelopes?
kde můžu koupit obálky?
kde moozhoo ko-oopeet obalkee?

is there any post for me?
je pro mne nějaká pošta?
ye pro mnye nyeyaka poshta?

POST OFFICES

Understanding

doporučeně	registered letter
křehké	fragile
odesílatel	sender
příjemce	addressee
schránka se vybírá ...	collection at …

dopis dojde za tři až pět dnů
the letter will take between three and five days to get there

INTERNET CAFÉS AND E-MAIL

There are many Internet cafés in the Czech Republic, particularly in big cities. Czechs who do not have Internet access at home usually do at work or school. The QWERTZ keyboard is used.

The basics

at sign	zavináč *zaveenach*
computer	počítač *pocheetach*
e-mail address	emailová adresa *eemeylova adresa*
e-mail	e-mail *eemeyl*
Internet café	internetová kavárna *eenternetova kavarna*
key	klávesa *klavesa*
keyboard	klávesnice *klavesnyeetse*
password	heslo *heslo*
to copy	kopírovat *kopeerovat*
to cut	vyjmout *veeymo-oot*
to delete	zrušit *zroosheet*
to download	stahovat/stáhnout *stahovat/stahno-oot*
to e-mail somebody	emailovat někomu *eemeylovat nyekomoo*
to paste	vložit *vlozheet*
to receive	dostat *dostat*
to save	uložit *oolozheet*
to send an e-mail	poslat e-mail *poslat eemeyl*

Expressing yourself

is there an Internet café near here?
je tady někde internetová kavárna?
ye tadee nyekde eenternetova kavarna?

how do I get online?
jak dostanu spojení?
yak dostanoo spoyenyee?

do you have an e-mail address?
máte e-mailovou adresu?
mate eemeylovo-oo adresoo?

I'd just like to check my e-mails
chtěl *(m)*/chtěla *(f)* bych si jen zkontrolovat email
khtyel/khtyela beekh see yen zkontrolovat eemeyl

would you mind helping me, I'm not sure what to do
mohl *(m)*/mohla *(f)* byste mi pomoct, nevím, jak to funguje
mohl/mohla beeste mee pomotst, neveem, yak to foongooye

I can't find the at sign on this keyboard
nemůžu na klávesnici najít zavináč
nemoozhoo na klavesnyeetsee nayeet zaveenach

it's not working
nefunguje to
nefoongooye to

there's something wrong with the computer, it's frozen
něco je s počítačem, je zablokovaný
nyetso ye s pocheetachem, ye zablokovanee

how much will it be for half an hour?
kolik stojí půlhodina spojení?
koleek stoyee poolhodyeena spoyenyee?

when do I pay?
kde mám zaplatit?
kde mam zaplatyeet?

Understanding

doručená pošta	inbox
odeslaná pošta	outbox

musíte si počkat asi dvacet minut
you'll have to wait for 20 minutes or so

zeptejte se, jestli si nebudete vědět rady
just ask if you're not sure what to do

pro přihlášení zadejte toto heslo
just enter this password to log on

TELEPHONE

(i)

Public phone boxes are yellow and blue (**Český telecom**). They usually take either coins or cards. Phonecards can be bought at kiosks, or in tobacconists or tourist shops. If you're planning a stay of more than a couple of weeks, it might be better to buy a local package for your mobile from one of the numerous telephone shops. You'll be given a new Sim card and number and you can top up at most cashpoints.

To phone the UK, dial 00 44 followed by the full phone number, minus the first zero of the area code.

The code for the Czech Republic is 00 420. Czech phone numbers have 9 digits and each town has its own area code.

The basics

answering machine	záznamník *zaznamnyeek*
call	hovor *hovor*
directory enquiries	informace *eenformatse*
hello	haló *halo*
international call	mezinárodní hovor *mezeenarodnyee hovor*
local call	místní hovor *meestnyee hovor*
message	vzkaz *vzkaz*
mobile	mobil *mobeel*
national call	meziměstský hovor *mezeemnyestskee hovor*
phone	telefon *telefon*
phone book	telefonní seznam *telefonyee seznam*
phone box	telefonní kabina *telefonyee kabeena*
phone call	telefonický hovor *telefoneetskee hovor*
phone number	telefonní číslo *telefonyee cheeslo*
phonecard	telefonní karta *telefonnyee karta*
ringtone	zvonění (telefonu) *zvonyenyee (telefonoo)*
telephone	telefon *telefon*

top-up card	předplacená karta *przhedplatsená karta*
Yellow Pages®	Zlaté stránky® *zlaté strankee*
to call somebody	volat/zavolat někomu *volat/zavolat nyekomoo*
to ring	zvonit *zvonyeet*

Expressing yourself

where can I buy a phonecard?
kde si můžu koupit telefonní kartu?
kde see moozhoo ko-oopeet telefonyee kartoo?

a phonecard for 200 crowns, please
telefonní kartu za dvě stě korun, prosím
telefonyee kartoo za dvye stye koroon, proseem

I'd like to make a reverse-charge call
chtěl *(m)*/chtěla *(f)* bych volat na účet volaného
khtyel/khtyela beekh volat na oochet volaneho

is there a phone box near here, please?
je tady někde telefonní kabina?
ye tadee nyekde telefonyee kabeena?

is there a socket here? I need to recharge my mobile
je tady zásuvka? potřebuji si dobít mobil
ye tadee zasoovka? potrzhebooyee see dobeet mobeel

do you have a mobile number?
máte číslo mobilního telefonu?
mate cheeslo mobeelnyeeho telefonoo?

where can I contact you?
kam vás můžu přes den volat?
kam vas moozhoo przhes den volat?

did you get my message?
dostal *(m)*/dostala *(f)* jsi *(sg)*/jste *(pl)* můj vzkaz?
dostal/dostala ysee/yste mooy vzkaz?

Understanding

číslo, které požadujete, neexistuje
the number you have dialled has not been recognized

stiskněte tlačítko křížek
please press the hash key

MAKING A CALL

hello, this is David Brown (speaking)
haló, tady David Brown
halo, tadee david brown

hello, could I speak to ..., please?
dobrý den, mohl *(m)*/mohla *(f)* bych mluvit s ...
dobree den, mohl/mohla beekh mlooveet s ...

hello, is that Ivana?
dobrý den, to je Ivana?
dobree den, to ye eevana?

do you speak English?
mluvíte anglicky?
mlooveete angleetskee?

could you speak more slowly, please?
můžete, prosím vás, mluvit pomaleji?
moozhete, proseem vas, mlooveet pomaleyee?

I can't hear you, could you speak up, please?
neslyším tě *(sg)*/vás *(pl, sg polite)*, můžeš *(sg)*/můžete *(pl, sg polite)*
mluvit hlasitěji?
nesleesheem tye/vas, moozhesh/moozhete mlooveet hlaseetyeyee?

could you tell him/her I called?
můžete mu *(m)*/jí *(f)* vyřídit, že jsem volal *(m)*/volala *(f)*?
moozhete moo/yee veerzheedyeet, zhe ysem volal/volala?

could you ask him/her to call me back?
můžete mu *(m)*/jí *(f)* vyřídit, aby mi zavolal *(m)*/zavolala *(f)*?
moozhete moo/yee veerzheedyeet, abee mee zavolal/zavolala?

I'll call back later
zavolám později
zavolam pozdyeyee

my name is ... and my number is ...
moje jméno je ..., číslo telefonu mám ...
moye ymeno ye ..., cheeslo telefonoo mam ...

do you know when he/she might be available?
nevíte, kdy ho *(m)*/ji *(f)* můžu sehnat?
nev̲e̲ete, kdee ho/y̲ee m̲oo̲zhoo sehnat?

thank you, goodbye
děkuji, nashledanou
dy̲ekooyee, na̲s-hledano-oo

Understanding

kdo volá?
who's calling?

teď tady není
he's/she's not here at the moment

chcete mu *(m)*/jí *(f)* nechat vzkaz?
do you want to leave a message?

řeknu mu *(m)*/jí *(f)*, že jste volal *(m)*/volala *(f)*
I'll tell him/her you called

řeknu mu *(m)*/jí *(f)*, aby vám zavolal *(m)*/zavolala *(f)*
I'll ask him/her to call you back

nezavěšujte
hold on

předám vás
I'll just hand you over to him/her

PROBLEMS

Expressing yourself

I don't know the code
neznám předčíslí
nezn̲am przhedch̲ee̲sle̲e

it's engaged
je obsazeno
ye o̲bsazeno

there's no reply
nikdo to nezvedá
nyeekdo to nezvedą

I couldn't get through
nemohl *(m)*/nemohla *(f)* jsem se dovolat
nemohl/nemohla ysem se dovolat

I don't have much credit left on my phone
nemám už moc kreditu
nemąm oozh mots kredeetoo

we're about to get cut off
hovor se brzy přeruší
hovor se brzee przherooshee

the reception's really bad
spojení je špatné
spoyenyee ye shpatne

I can't get a signal
tady není signál
tadee nenyee seegnąl

Understanding

slyším vás velmi špatně
I can hardly hear you

máte špatné číslo
you've got the wrong number

Common abbreviations

tel. zam. = telefon do zaměstnání work (number)
tel. domů = telefon domů home (number)
mob. tel. = mobilní telefon mobile (number)

Some informal expressions

brnknout to give somebody a bell
zavěsit někomu před nosem to hang up on somebody
SMSska, textovka text
pokec chat

TELEPHONE

HEALTH

The basics

allergy	alergie *alergeeye*
ambulance	sanitka *sanyeetka*
aspirin	aspirín *aspeereen*
blood	krev *krev*
broken	zlomený *zlomenee*
casualty (department)	pohotovost *pohotovost*
chemist's	lékárna *lekarna*
condom	kondom *kondom*
dentist	zubař *zoobarzh*
diarrhoea	průjem *prooyem*
doctor	lékař *lekarzh*, doktor *doktor*
food poisoning	otrava (ze zkažených potravin) *otrava (ze zkazheneekh potraveen)*
GP	praktický/obvodní lékař *prakteetskee/obvodnyee lekarzh*
gynaecologist	gynekolog *geenekolog*
hospital	nemocnice *nemotsnyeetse*
infection	infekce *eenfektse*
medicine	lék *lek*
painkiller	utišující lék/analgetikum *ootyeeshooyeetsee lek/analgeteekoom*
periods	menstruace *menstroo-atse*
plaster	náplast *naplast*

HEALTH

95

rash	vyrážka *veerazhka*
spot	pupínek *poopeenek*
sunburn	úpal *oopal*
surgical spirit	čistý líh *cheestee leekh*
tablet	tableta *tableta*
temperature	horečka *horechka*, teplota *teplota*
vaccination	očkování *ochkovanyee*
x-ray	rentgen *rentgen*
to disinfect	dezinfikovat *dezeenfeekovat*
to faint	omdlít *omdleet*
to vomit	zvracet *zvratset*

Expressing yourself

does anyone have an aspirin/a tampon/a plaster, by any chance?
nemá někdo náhodou aspirín/tampón/náplast?
nema nyekdo nahodo-oo aspeereen/tampon/naplast?

where can I find a doctor?
kde můžu sehnat doktora?
kde moozhoo sehnat doktora?

I need to see a doctor
musím jít k doktorovi
mooseem yeet k doktorovee

I'd like to make an appointment for today
chtěl (m)/chtěla (f) bych se objednat na dnešek
khtyel/khtyela beekh se objednat na dneshek

as soon as possible
co nejdřív
tso neydrzheev

no, it doesn't matter
ne, na tom nezáleží
ne, na tom nezalezhee

I've broken my glasses
rozbily se mi brýle
rozbeelee se mee breele

can you send an ambulance to ...
můžete poslat sanitku do/na ...?
moozhete poslat saneetkoo do/na ...

I've lost a contact lens
ztratil (m)/ztratila (f) jsem kontaktní čočku
ztratyeel/ztratyeela ysem kontaktnyee chochkoo

Understanding

lékařská ordinace	doctor's surgery
pohotovost	casualty department

předpis, recept — prescription

volný termín je až ve čtvrtek
there are no available appointments until Thursday

hodí se vám to v pátek ve čtrnáct hodin?
is Friday at 2pm ok?

AT THE DOCTOR'S OR THE HOSPITAL

Expressing yourself

I have an appointment with Dr …
jsem objednán *(m)*/objednána *(f)* u doktora …
*ysem obyedn**a**n/obyedn**a**na oo doktora …*

I don't feel very well
necítím se dobře
*netseetyeem se do**b**rzhe*

I don't know what it is
nevím, co to je
*ne**v**eem, tso to ye*

I feel very weak
cítím se velmi slabý *(m)*/slabá *(f)*
*ts**ee**tyeem se velmee sla**b**ee/sla**b**a*

I've been bitten by a dog
pokousal mě pes
poko-oosal mnye pes

I've been bitten/stung by something
něco mě kouslo/píchlo
*nyetso mnye ko-ooslo/p**ee**khlo*

I've been stung by a wasp
píchla mě vosa
*p**ee**khla mnye vosa*

I've got a sore throat
bolí mě v krku
*bol**ee** mnye v krkoo*

my back hurts
bolí mě záda
*bol**ee** mnye z**a**da*

it hurts here
bolí to tady
*bol**ee** to tadee*

I've got a headache
bolí mě hlava
*bol**ee** mnye hlava*

I've got toothache/stomachache
bolí mě zub(y)/břicho
*bol**ee** mnye zoob(ee)/brzheekho*

it hurts
bolí to
*bol**ee** to*

I feel sick
je mi nevolno
ye mee nevolno

it's got worse
zhoršilo se to
zhorsheelo se to

it's been three days
už tři dny
oozh trzhee dnee

it started last night
začalo to včera v noci
zachalo to vchera v notsee

I've got a temperature
mám horečku
m<u>a</u>m horechkoo

it's never happened to me before
ještě nikdy se mi to nestalo
yeshtye ny<u>ee</u>kdee se mee to nestalo

I have asthma
mám astma
m<u>a</u>m astma

I have a heart condition
jsem kardiak
ysem kard<u>ee</u>yak

I've been on antibiotics for a week and I'm not getting any better
už týden beru antibiotika, a nelepší se to
oozh t<u>ee</u>den beroo antyeeb<u>ee</u>eotyeeka, a nelepsh<u>ee</u> se to

I'm on the pill/the minipill
beru antikoncepční tablety/minipilulku
beroo antyeekontsepchny<u>ee</u> tabletkee/meeneepeeloolkoo

I'm three months pregnant
jsem ve třetím měsíci
ysem ve trzhety<u>eem</u> mnyes<u>ee</u>etsee

it itches
svědí to
svy<u>e</u>dyee to

I'm allergic to penicillin
na penicilín mám alergii
na peneetseel<u>ee</u>n m<u>a</u>m alergeeyee

I've had a blackout
omdlel *(m)*/omdlela *(f)* jsem
omdlel/omdlela ysem

I've twisted my ankle
vymkl *(m)*/vymkla *(f)* jsem si kotník
v<u>ee</u>mkl/v<u>ee</u>mkla ysem see kotny<u>eek</u>

I fell and hurt my back
spadl *(m)*/spadla *(f)* jsem na záda
spadl/spadla ysem na z<u>a</u>da

I've lost a filling
vypadla mi plomba
v<u>ee</u>padla mee pl<u>o</u>mba

is it serious?
je to vážné?
ye to v<u>a</u>zhn<u>e</u>?

HEALTH

98

is it contagious?
je to nakažlivé?
ye to nakazhleeve?

how is he/she?
jak mu/jí je?
yak moo/yee ye?

how much do I owe you?
kolik jsem dlužen *(m)*/dlužna *(f)*?
koleek ysem dloozhen/dloozhna?

can I have a receipt so I can get the money refunded?
můžu dostat stvrzenku? chci si dát proplatit výlohy
moozhoo dostat stvrzenkoo? khtsee see dat proplatyeet veelohee

Understanding

počkejte si prosím v čekárně
if you'd like to take a seat in the waiting room

kde to bolí?
where does it hurt?

nadechněte se zhluboka
take a deep breath

lehněte si, prosím
lie down, please

bolí vás to, když stisknu tady?
does it hurt when I press here?

byl jste očkován *(m)*/**byla jste očkována** *(f)* **proti ...?**
have you been vaccinated against …?

máte alergii na ...?
are you allergic to …?

berete nějaké jiné léky?
are you taking any other medication?

napíšu vám předpis
I'm going to write you a prescription

za několik dní by to mělo přejít
it should clear up in a few days

mělo by se to rychle zahojit
it should heal quickly

bude třeba operovat
you're going to need an operation

AT THE CHEMIST'S

Expressing yourself

I'd like a box of plasters, please
prosil *(m)*/prosila *(f)* bych náplast
proseel/proseela beekh naplast

HEALTH

could I have something for a bad cold?
máte něco proti nachlazení?
mate nyetso protyee nakhlazenyee?

I need something for a cough
potřeboval *(m)*/potřebovala *(f)* bych něco proti kašli
potrzheboval/potrzhebovala beekh nyetso protyee kashlee

I'm allergic to aspirin
mám alergii na aspirín
mam alergeeyee na aspeereen

I need the morning-after pill
potřebuji postinor
potrzhebooyee postyeenor

I'd like to try a homeopathic remedy
chtěl *(m)*/chtěla *(f)* bych homeopatické léky
khtyel/khtyela beekh homeopateetske lekee

I'd like a bottle of solution for soft contact lenses
chtěl *(m)*/chtěla *(f)* bych čistící roztok na měkké kontaktní čočky
khtyel/khtyela beekh cheestyeetsee roztok na mnyeke kontaktnyee chochkee

Understanding

čípek	suppositories
kontraindikace	contra-indications
krém	cream
mast	ointment
možné vedlejší účinky	possible side effects
pouze na předpis	available on prescription only
používat	use *(ointment etc)*
prášek	powder, tablet(s)
tableta	tablet
tobolka	capsule
užívat třikrát denně před jídlem	take three times a day before meals

---

Some informal expressions

je mi nanic I feel rough
být nachcípaný to have a stinking cold
složit se to pass out

PROBLEMS AND EMERGENCIES

A single police force deals with all aspects of security. Police officers wear a grey-blue uniform and the traffic police wear white caps.

In an emergency, dial **158** for the police (**policie České republiky**) or **156** for the municipal police (**městská policie**), and **150** for the fire brigade (**hasiči**).

A new central number has recently been introduced, as in all European countries – **112** (**tísňové volání**) can be used for all emergency cases.

The basics

accident	nehoda *nehoda*
ambulance	sanitka *sanyeetka*
broken	zlomený *zlomenee*
disabled (person)	invalida *eenvaleeda*
doctor	lékař *lekarzh*, doktor *doktor*
emergency, casualty	pohotovost *pohotovost*
fine, penalty	pokuta *pokoota*
fire brigade	hasiči *haseechee*
fire	požár *pozhar*
hospital	nemocnice *nemotsnyeetse*
ill	nemocný *nemotsnee*
injured	raněný *ranyenee*
late	pozdě *pozdye*
police	policie *poleetseeye*

Expressing yourself

can you help me?
mohl *(m)*/mohla *(f)* byste mi pomoct?
mohl/mohla beeste mee pomotst?

help!
pomoc!
pomots!

fire!
hoří!
horzhee!

be careful!
opatrně!
opatrnye!

it's an emergency!
je to naléhavý případ!
ye to nalehavee przheepad!

there's been an accident
stala se nehoda
stala se nehoda

could I borrow your phone, please?
prosím vás, můžu si vypůjčit váš telefon?
proseem vas, moozhoo see veepooycheet vash telefon?

does anyone here speak English?
umí tady někdo anglicky?
oomee tadee nyekdo angleetskee?

I need to contact the British consulate
musím zavolat na britský konsulát
mooseem zavolat na breetskee konsoolat

where's the nearest police station?
kde je nejbližší policejní stanice?
kde ye neybleezhshee poleetseynyee stanyeetse?

what do I have to do?
co mám udělat?
tso mam oodyelat?

my bag's been snatched
ukradli mi tašku
ookradlee mee tashkoo

my passport/credit card has been stolen
ukradli mi pas/kreditní kartu
ookradlee mee pas/kredeetnyee kartoo

I've lost ...
ztratil (m)/ztratila (f) jsem ...
ztratyeel/ztratyeela ysem ...

I've been attacked
napadli mě
napadlee mnye

my son/daughter is missing
ztratil se mi syn/ztratila se mi dcera
ztratyeel se mee seen/ztratyeela se mee dtsera

my car's been towed away
odtáhli mi auto
odtahlee mee a-ooto

I've broken down
mám poruchu
mam porookhoo

my car's been broken into
vloupali se mi do auta
vlo-oopalee se mee do a-oota

there's a man following me
nějaký muž mě sleduje
nyeyakee moozh mnye sledooye

can you keep an eye on my things for a minute?
můžete mi chvíli ohlídat věci?
moozhete mee khveelee ohleedat vyetsee?

he's drowning, get help!
topí se, zavolejte pomoc!
topee se, zavoleyte pomots!

is there disabled access?
je tady bezbariérový přístup?
ye tadee bezbareeyerovee przheestoop?

Understanding

havarijní služba	breakdown service
horská záchranná služba	mountain rescue
mimo provoz	out of order
nouzový východ	emergency exit
policie	police (emergency services)
pozor zlý pes	beware of the dog
ztráty a nálezy	lost property

POLICE

Expressing yourself

I want to report something stolen
chtěl (m)/chtěla (f) bych ohlásit krádež
khtyel/khtyela beekh ohlaseet kradezh

I need a document from the police for my insurance company
pro svou pojišťovnu potřebuji doklad od policie
pro svo-oo poyeeshtyovnoo potrzhebooyee doklad od poleetseeye

> **Some informal expressions**
>
> **polda** copper
> **basa** clink, prison
> **nechat se zabásnout** to get nicked

Filling in forms

příjmení	surname
jméno	first name
adresa	address
poštovní směrovací číslo (PSČ)	postcode
země	country
národnost	nationality
státní příslušnost	citizenship
datum narození	date of birth
místo narození	place of birth
věk	age
pohlaví	sex
doba pobytu	duration of stay
datum příjezdu/odjezdu	arrival/departure date
zaměstnání	occupation
číslo pasu	passport number

otevřte tuto tašku, prosím
would you open this bag, please?

za toto zboží musíte zaplatit clo
there's customs duty to pay on this item

co postrádáte?
what's missing?

kdy se to stalo?
when did this happen?

kde jste ubytován *(m)***/ubytována** *(f)***?**
where are you staying?

můžete ho/ji/to popsat?
can you describe him/her/it?

vyplňte tento formulář, prosím
would you fill in this form, please?

tady se, prosím, podepište
would you sign here, please?

The basics

after	po *po*
ahead	dřív *drzheev*
already	už *oozh*
always	vždycky *vzhdeetskee*, stále *stale*
at lunchtime	v době oběda *v dobye obyeda*
at the beginning/ end of	začátkem/koncem *zachatkem/kontsem*
at the moment	teď *tedy*
before	před *przhed*
between ... and ...	mezi ... a ... *mezee ... a ...*
day	den *den*
during	během *byehem*
early	brzo *brzo*
evening	večer *vecher*
for a long time	dlouho *dlo-ooho*
from ... to ...	od ... do ... *od ... do ...*
from time to time	občas *obchas*
in a little while	za chvíli *za khveelee*
in the evening	večer *vecher*
in the middle of	uprostřed *ooprostrzhed*
last	(previous) minulý *meenoolee*
late	pozdě *pozdye*
midday	poledne *poledne*
midnight	půlnoc *poolnots*
morning	ráno *rano*
month	měsíc *mnyeseets*
never	nikdy *nyeekdee*
next	příští *przheeshtyee*
night	noc *nots*
not yet	ještě ne *yeshtye ne*
now	teď *tedy*
occasionally	příležitostně *przheelezheetostnye*
often	často *chasto*
rarely	málokdy *malokdee*
recently	nedávno *nedavno*
since	od *od*

sometimes	někdy *nyekdee*
soon	brzo *brzo*
still	ještě *yeshtye*, stále *stale*
straightaway	hned *hned*
until	do *do*
week	týden *teeden*
weekend	víkend *veekend*
year	rok *rok*

Expressing yourself

see you soon!
brzy na shledanou!
brzee na s-hledano-oo!

see you later!
zatím na shledanou!
zatyeem na s-hledano-oo!

see you on Monday!
v pondělí na shledanou!
v pondyelee na s-hledano-oo!

have a good weekend!
hezký víkend!
hezkee veekend!

sorry I'm late
promiňte, že jdu pozdě
promeenyte, zhe ydoo pozdye

just a minute, please
okamžik, prosím
okamzheek, proseem

I haven't been there yet
ještě jsem tam nebyl *(m)*/nebyla *(f)*
yeshtye ysem tam nebeel/nebeela

I've got plenty of time
mám spoustu času
mam spo-oostoo chasoo

I'm in a rush
pospíchám
pospeekham

hurry up!
pospěš *(sg)*/pospěšte *(pl, sg polite)* si!
pospyesh/pospyeshte see!

I had a late night
šel *(m)*/šla *(f)* jsem spát pozdě
shel/shla ysem spat pozdye

I haven't had time to ...
neměl *(m)*/neměla *(f)* jsem čas ...
nemnyel/nemnyela ysem chas ...

I got up very early
vstal *(m)*/vstala *(f)* jsem velmi brzo
vstal/vstala ysem velmee brzo

I have to get up very early tomorrow to catch my plane
zítra ráno musím vstát velmi brzo, protože brzo odlétám
zeetra rano mooseem vstat velmee brzo, protozhe brzo odletam

I waited ages
čekal *(m)*/čekala *(f)* jsem dlouho
chekal/chekala ysem dlo-ooho

we only have four days left
zbývají nám jen čtyři dny
zbeevayee nam yen chteerzhee dnee

THE DATE

How to express dates

Dates and numbers in general are rather complicated in Czech. There are several ways to write the date (for example "11 October 2006" can be written 11. října 2006, 11.10.2006, 11/10/2006), but it is always read in the same way (**jedenáctého října dva tisíce šest** *yedenatsteho rzheeyna dva teeseetse shest*). Ordinal numbers (first, second, third etc) are followed by a full stop (1. = **první**).

When talking about a particular month, for example "in November 2006", the preposition **v** is used followed by the month in the locative case: **v listopadu 2006**. A period of several years is expressed using the prepositions **od ... do**, for example "between 1969 and 1977" **od 1969 do 1977**.

Ordinal numbers are used for centuries, eg "in the 1st century BC" **v prvním století př.n.l.** (**před naším letopočtem** = before our time)/**př. Kr.** (**před Kristem**, before Christ); "in the 3rd century AD" **ve třetím století n.l.** (**našeho letopočtu** = of our time)/**po Kr.** (**po Kristu**, after Christ); "16th century art" **umění 16. století**; "at the beginning/in the middle/at the end of the 17th century" **na začátku/ v polovině/na konci 17. století**

The basics

... ago
před ... *przhed*

at the beginning/end of
začátkem/koncem *zachatkem/ kontsem*

in the middle of	uprostřed/v polovině *ooprostrzhed/ v poloveenye*
in two days' time	za dva dny *za dva dnee*
last night	včera večer *vchera vecher*
the day after tomorrow	nazítří *nazeetrzhee*
the day before yesterday	předevčírem *przhedevcheerem*
today	dnes *dnes*
tomorrow	zítra *zeetra*
tomorrow morning/ afternoon/evening	zítra ráno/odpoledne/večer *zeetra rano/odpoledne/vecher*
yesterday	včera *vchera*
yesterday morning/ afternoon/evening	včera ráno/odpoledne/večer *vchera rano/odpoledne/vecher*

Expressing yourself

I was born in 1975
narodil *(m)*/narodila *(f)* jsem se v roce 1975
narodyeel/narodyeela ysem se v rotse tyeeseets devyet set sedmdesat pyet

I came here a few years ago
byl *(m)*/byla *(f)* jsem tady před několika lety
beel/beela ysem tadee przhed nyekoleeka letee

I spent a month in the Czech Republic last summer
loni v létě jsem strávil *(m)*/strávila *(f)* v České republice měsíc
lonyee v letye ysem straveel/straveela v cheske repoobleetse mnyeseets

I was here last year at the same time
byl *(m)*/byla *(f)* jsem tady loni ve stejnou dobu
beel/beela ysem tadee lonyee ve steyno-oo doboo

what's the date today?
kolikátého je dnes?
koleekateho ye dnes?

what day is it today?
který je dnes den?
kteree ye dnes den?

it's the 1st of May
dnes je prvního května
dnes ye prvnyeeho kvyetna

I'm staying until Sunday
zůstanu až do neděle
zoostanoo azh do nedyele

we're leaving tomorrow
odjíždíme zítra
odyeezhdyeeme zeetra

I already have plans for Tuesday
na úterý už máme něco v plánu
na ooteree oozh mame nyetso v planoo

TIME AND DATE

Understanding

jednou/dvakrát	once/twice
každé pondělí	every Monday
každý den	every day
třikrát za hodinu/den	three times an hour/a day

bylo to postaveno v polovině devatenáctého století
it was built in the mid-nineteenth century

v létě je tady hodně lidí
it gets very busy here in the summer

kdy odjíždíte?
when are you leaving?

jak dlouho tady budete?
how long are you staying?

THE TIME

Telling the time

"It's five o'clock" is translated by **je pět hodin** *ye pyet hodyeen*. The expression "o'clock" (**hodina** = hour) is often omitted in everyday speech. When it is obvious what time of day you are talking about, there is no need to specify **ráno** (in the morning), **odpoledne** (in the afternoon) or **večer** (in the evening). In official contexts, the 24-hour clock is normally used (**sedmnáct hodin** 17.00). Transport timetables also use this format (**17:00**).

Some informal expressions

přesně ve dvě two o'clock on the dot
v osm a něco a bit after eight
přijít s křížkem po funuse to arrive late
čekat věčnost to wait forever, to wait till the cows come home

The basics

early	brzo *brzo*
half an hour	půlhodina *poolhodyeena*
in the afternoon	odpoledne *odpoledne*
in the morning	ráno *rano*
late	pozdě *pozdye*
midday	poledne *poledne*
midnight	půlnoc *poolnots*
on time	včas *vchas*
quarter of an hour	čtvrthodina *chtvrthodyeena*
three quarters of an hour	třičtvrtě hodiny *trzheechtvrtye hodyeenee*

Expressing yourself

what time is it?
kolik je hodin?
koleek ye hodyeen?

excuse me, have you got the time, please?
promiňte, prosím vás, nevíte, kolik je hodin?
promeenyte, proseem vas, koleek ye hodyeen?

it's nearly one o'clock
je skoro jedna hodina
ye skoro yedna hodyeena

it's exactly three o'clock
jsou přesně tři
yso-oo przhesnye trzhee

it's half past one
je půl druhé
ye pool droohe

it's ten past one
je jedna hodina a deset minut
ye yedna hodyeena a deset meenoot

it's a quarter past one
je čtvrt na dvě
ye chtvrt na dvye

it's a quarter to one
je tři čtvrtě na jednu
ye trzhee chtvrtye na yednoo

it's twenty past twelve
je čtvrt na jednu a pět minut
ye chtvrt na yednoo a pyet meenoot

it's twenty to twelve
je za pět minut tři čtvrtě na dvanáct
ye za pyet meenoot trzhee chtvrtye na dvanatst

I arrived at about two o'clock
přijel *(m)*/přijela *(f)* jsem asi ve dvě hodiny
przheeyel/przheeyela ysem asee ve dvye hodyeenee

I set my alarm for nine
nastavil *(m)*/nastavila *(f)* jsem si budík na devátou
nastaveel/nastaveela ysem see boodyeek na devato-oo

I waited twenty minutes
čekal *(m)*/čekala *(f)* jsem dvacet minut
chekal/chekala ysem dvatset meenoot

the train was fifteen minutes late
vlak měl patnáct minut zpoždění
vlak mnyel patnatst meenoot zpozdyenyee

I got home an hour ago
přišel *(m)*/přišla jsem domů před hodinou
przheeshel/przheeshla ysem domoo przhed hodyeeno-oo

shall we meet in half an hour?
sejdeme se za půl hodiny?
seydeme se za pool hodyeenee?

I'll be back in a quarter of an hour
vrátím se za čtvrt hodiny
vratyeem se za chtvrt hodyeenee

there's a one-hour time difference between … and …
mezi … a … je hodinový časový posun
mezee … a … ye hodyeenovee chasovee posoon

Understanding

jede každou hodinu a každou půlhodinu
departs on the hour and the half-hour

otevřeno od deseti do šestnácti hodin
open from 10am to 4pm

trvá asi hodinu a půl
it lasts around an hour and a half

otevřeno od deseti hodin
it opens at ten in the morning

NUMBERS

In Czech, ordinal numbers (1st, 2nd etc) are always followed by a full stop, so you will see **2 dva**, but **2. druhý**. Decimals are written with a comma (**3,5**), which reads **tři celé pět** *trzhee tsele pyet*. If the number is five or above, the genitive plural is used: **5,3 pět celých tři** *pyet tseleekh trzhee*. See the Grammar section p.180

0 nula *noola*	**21** dvacet jedna *dvatset yedna*
1 jedna *yedna*	**22** dvacet dva *dvatset dva*
2 dva *dva*	**30** třicet *trzheetset*
3 tři *trzhee*	**35** třicet pět *trzheetset pyet*
4 čtyři *chteerzhee*	**40** čtyřicet *chteerzheetset*
5 pět *pyet*	**50** padesát *padesat*
6 šest *shest*	**60** šedesát *shedesat*
7 sedm *sedm*	**70** sedmdesát *sedmdesat*
8 osm *osm*	**80** osmdesát *osmdesat*
9 devět *devyet*	**90** devadesát *devadesat*
10 deset *deset*	**100** sto *sto*
11 jedenáct *yedenatst*	**101** sto jedna *sto yedna*
12 dvanáct *dvanatst*	**200** dvě stě *dvye stye*
13 třináct *trzheenatst*	**300** tři sta *trzhee sta*
14 čtrnáct *chtrnatst*	**400** čtyři sta *chteerzhee sta*
15 patnáct *patnatst*	**500** pět set *pyet set*
16 šestnáct *shestnatst*	**1 000** tisíc *tyeeseets*
17 sedmnáct *sedmnatst*	**2 000** dva tisíce *dva tyeetseetse*
18 osmnáct *osmnatst*	**10 000** deset tisíc *deset*
19 devatenáct *devatenatst*	*tyeetseets*
20 dvacet *dvatset*	**1 000 000** milión *meeleeon*

first první *prvnyee*	**seventh** sedmý *sedmee*
second druhý *droohee*	**eighth** osmý *osmee*
third třetí *trzhetyee*	**ninth** devátý *devatee*
fourth čtvrtý *chtvrtee*	**tenth** desátý *desatee*
fifth pátý *patee*	**twentieth** dvacátý *dvatsatee*
sixth šestý *shestee*	

20 plus 3 equals 23
dvacet plus tři rovná se dvacet tři
dvatset ploos trzhee rovna se dvatset trzhee

20 minus 3 equals 17
dvacet mínus tři rovná se sedmnáct
dvatset meenoos trzhee rovna se sedmnatst

20 multiplied by 4 equals 80
dvacet krát čtyři rovná se osmdesát
dvatset krat chteerzhee rovna se osmdesat

20 divided by 4 equals 5
dvacet děleno čtyřmi rovná se pět
dvatset dyeleno chteerzhmee rovna se pyet

NUMBERS

DICTIONARY

ENGLISH-CZECH

Note: verbs are presented in imperfective/perfective pairs, eg **dávat/dát**.

With some adverbs one needs to distinguish between the version that denotes direction (towards) and the version that denotes location or stationary position, eg "I am going upstairs (**nahoru**)" BUT "the bathroom is upstairs (**nahoře**)"; similarly, with prepositions, direction *(+acc)* or location *(+ loc)* is indicated as follows: (**na** *+acc/loc*).

A

a *(article) (see grammar)*
a *(number)* jeden *m*, jedna *f*, jedno *n*
abbey opatství *n*
able: to be able to být schopen *(+gen)*
about o *(+loc)*; **I'm about to go out** jsem na odchodu
above nahoře
abroad do/v zahraničí
accept přijímat/přijmout
access přístup *m*
accident nehoda *f* **31**, **102**
accommodation ubytování *n*
across přes *(+acc)*
adaptor adaptátor *m*
address adresa *f*
admission vstupné *n*
advance: in advance předem **57**
advice rada *f*; **to ask someone's advice** žádat/požádat koho o radu

advise radit/poradit
aeroplane letadlo *n*
after po *(+loc)*
afternoon odpoledne *n*
after-sun (cream) krém *m* po opalování
again znovu
against proti *(+dat)*
age věk *m*
air vzduch *m*
air conditioning klimatizace *f*
airline letecká společnost *f*
airmail letecká pošta *f*
airport letiště *n*
alarm clock budík *m*
alcohol alkohol *m*
alive naživu
all celý; **all day** celý den; **all week** celý týden; **all the better** tím lépe; **all the same** stejně; **all the time** celou dobu; **all inclusive** všechno v ceně
allergic alergický **98**, **100**

almost téměř

already už

also také

although ačkoli

always vždy

ambulance sanitka *f* **96**

American *(noun)* Američan *m*/ Američanka *f*

American *(adj)* americký

among mezi *(+acc/instr)*

and a

animal zvíře *n*

ankle kotník *m*

anniversary narozeniny *fpl*

another jiný

answer *(noun)* odpověd' *f*

answer *(verb)* odpovídat/ odpovědět

answering machine záznamník *m*

ant mravenec *m*

antibiotics antibiotika *npl*

anybody, anyone nikdo *(with the negative)*; někdo *(asking a question)*

anything nic *(with the negative)*; něco *(asking a question)*

anyway v každém případě

appendicitis zánět *m* slepého střeva

appointment schůzka *f*; **to make an appointment** dát si schůzku; *(with a doctor)* objednat se **96**; **to have an appointment (with)** mít schůzku (s) *(+instr)* **97**

April duben *m*

area kraj *m*; **in the area** v kraji

arm ruka *f,* paže *f*

around kolem

arrange zařizovat/zařídit; **I arranged to meet ...** zařídil *m*/zařídila *f* jsem si schůzku s *(+instr)* ...

arrival *(of person)* příchod *m*; *(of vehicle)* příjezd *m*; *(of plane)* přílet *m*

arrive *(on foot)* přicházet/přijít; *(in vehicle)* přijíždět/přijet; *(by plane)* přilétat/přilétět; *(of event)* stávat se/stát se

art umění *n*

artist umělec *m*/umělkyně *f*

as jako; **as soon as possible** co nejdřív; **as soon as** jakmile; **as well as** tak jako

ashtray popelník *m* **43**

ask žádat/požádat (o +*acc*); **to ask a question** ptát se/zeptat se (na +*acc*)

aspirin aspirín *m*

asthma astma *n*

at u *(+gen)*; **at home** doma; **at 10 o'clock** v deset hodin; **at night** v noci

attack *(verb)* napadat/napadnout

August srpen *m*

autumn podzim *m*

available k dispozici

avenue třída *f*

away: 10 miles away 10 mil odsud

B

baby miminko *n*

baby's bottle kojenecká láhev *f*

back *(noun) (of a person)* záda *npl*
back *(adv)* zpátky; **at the back of** vzadu
backpack batoh *m*
bad špatný; **it's not bad** to není špatné
bag taška *f*
baggage zavazadlo *n*, zavazadla *npl*
bake péci/upéci
baker's pekárna *f*, pekařství *n*
balcony balkón *m*; *(in theatre)* galérie *f*
bandage obvaz *m*
bank banka *f* **84**
banknote bankovka *f*
bar bar *m*
barbecue barbecue *n*
bath koupel *f*; **to have a bath** koupat se/vykoupat se
bathroom koupelna *f*
bath towel osuška *f*
battery baterie *f* **31**
be být
beach pláž *f*
beach umbrella slunečník *m*
beard vousy *mpl*
beautiful krásný
because protože; **because of** kvůli *(+dat)*
bed postel *f*
bee včela *f*
before před *(+instr)*, dříve; **before I leave** před tím, než odjedu
begin začínat/začít
beginner začátečník *m*/ začátečnice *f*

beginning začátek *m*; **at the beginning** na začátku
behind za *(+acc/instr)*
Belgium Belgie *f*
believe věřit/uvěřit
below pod *(+acc/instr)*
beside vedle *(+gen)*
best nejlepší; **the best** (co) nejlépe
better lepší; **to get better** cítit se lépe; **it's better to …** je lépe …
between mezi *(+instr)*
bicycle kolo *n*
bicycle pump pumpička *f*
big velký
bike kolo *n*
bill účet *m* **47**
bin koš *m* (na smetí)
binoculars dalekohled *m*
birthday narozeniny *fpl*
bit kousek *m*, kus *m*; **a bit (of) …** trochu …
bite *(noun) (from dog)* kousnutí *n*; *(from insect)* píchnutí *n*
bite *(verb) (of dog)* kousnout *(perf)*; *(of insect)* píchnout *(perf)* **97**
black černý
blackout: to have a blackout omdlít
blanket přikrývka *f*
bleed krvácet *(imperf)*
bless: bless you! na zdraví!
blind slepý
blister puchýř *m*
blood krev *f*
blood pressure krevní tlak *m*
blue modrý

board paluba *f*
boarding nástup *m* (do letadla)
boat loď *f*
body tělo *n*
book *(noun)* kniha *f*; **book of tickets** bloček lístků?
book *(verb)* rezervovat/ zarezervovat si
bookshop knihkupectví *n*
boot *(of car)* kufr *m*
boots *(footwear)* (vysoké) boty *fpl*
borrow půjčovat si/půjčit si
botanical garden botanická zahrada *f*
both oba *mpl*, obě *f/npl*; **both of us** my dva/dvě
bottle láhev *f*
bottle opener otvírač *m*
bottom spodní část *f*; **at the bottom** dole
bowl miska *f*, mísa *f*
bra podprsenka *f*
brake *(noun)* brzda *f*
brake *(verb)* brzdit/zabrzdit
bread chléb *m*
break rozbít *(perf)*; **to break one's leg** zlomit si *(perf)* nohu
break down mít poruchu **31**, **102**
breakdown porucha *f*
breakdown service havarijní služba *f*
breakfast snídaně *f*; **to have breakfast** snídat/nasnídat se
bridge most *m*
bring přinášet/přinést
brochure brožura *f*
broken zlomený
bronchitis zánět *m* průdušek

brother bratr *m*
brown hnědý
brush kartáč *m*
build stavět/postavit
building budova *f*/stavba *f*
bump *(noun)* náraz *m*
bump *(verb)* narazit *(perf)*
bumper nárazník *m*
burn *(noun)* spálenina *f*
burn *(verb)* pálit/spálit; **to burn oneself** spálit se
burst *(verb)* vybuchnout *(perf)*
bus autobus *m* **29**
bus route trasa *f* (autobusu)
bus station autobusové nádraží *n*
bus stop autobusová zastávka *f*
busy *(place)* navštěvovaný
but ale
butcher's řeznictví *n*
buy kupovat/koupit **74**, **76**
by: by me vedle mne; **by car** autem
bye! ahoj!

C

café kavárna *f*
call *(noun)* *(on telephone)* hovor *m*
call *(verb)* volat/zavolat **92**; **I am called …** někdo mi volá …, mám hovor …
call back volat/zavolat zpátky **92**
camera fotoaparát *m*
camper táborník *m*
camping kempování *n*; **to go camping** kempovat *(imperf)*
camping stove plynový vařič *m*

campsite kemp m
can *(noun) (of food)* konzerva f
can *(verb)* moci; **I can't …** nemůžu …
cancel rušit/zrušit
candle svíčka f
can opener otvírač m (na konzervy)
car auto n
caravan karavan m
card karta f
car park parkoviště n
carry nosit/nést
case: in case of … v případě … *(+gen)*
cash hotovost f; **to pay cash** platit v hotovosti
cashpoint bankomat m **84**
castle hrad m
catch chytat/chytit
cathedral katedrála f
CD cédéčko n
cemetery hřbitov m
centimetre centimetr m
centre centrum n **37, 39**
century století n
chair židle f
chairlift sedačková lanovka f
change *(noun)* změna f; *(money)* drobné mpl **75**
change *(verb)* měnit/vyměnit **84**; *(exchange money)* směnit *(perf)*; *(banknote)* rozměnit *(perf)*; *(clothes)* převlékat se/převléknout se
changing room šatna f **77**
channel kanál m
chapel kaple f
charge *(noun)* cena f

charge *(verb)* fakturovat *(imperf)*
cheap levný/laciný
check *(verb)* kontrolovat/ zkontrolovat; *(baggage)* podávat/ podat
check in zaregistrovat se *(perf)*
check-in registrace f **26**
check out zaplatit *(perf)* účet
cheers! na zdraví!
chemist's lékárna f
cheque šek m
chest hrud' f
child dítě n
chilly studený
chimney komín m
chin brada f
church kostel m
cigar doutník m
cigarette cigareta f
cigarette paper cigaretový papír m
cinema kino n
circus cirkus m
city město n
clean *(adj)* čistý
clean *(verb)* čistit/vyčistit
climate klima n
climbing horolezectví n
cloakroom šatna f; *(for luggage)* úschovna f zavazadel
close *(verb)* zavírat/zavřít
closed zavřeno
closing time zavírací doba f
clothes oblečení n sg
clutch spojka f
coach autobus m **29**
coathanger ramínko n
cockroach šváb m

coffee káva f

coin mince f

Coke® Coca-cola f

cold (noun) zima f; **to have a cold** být nachlazený

cold (adj) studený; **it's cold** je zima; **I'm cold** je mi zima

collection sbírka f

colour barva f

comb hřeben m

come přicházet/přijít; (of vehicle) přijíždět/přijet; **I come from London** jsem z Londýna

come back vracet se/vrátit se

come in vstupovat/vstoupit

come out vycházet/vyjít

comfortable pohodlný

company společnost f

compartment oddělení n

complain stěžovat si (na +acc) (imperf)

comprehensive insurance havarijní pojištění n 31

computer počítač m

concert koncert m 57

concert hall koncertní síň f

concession sleva f 24, 62

condom kondom m

confirm potvrzovat/potvrdit 26

connection spoj m/spojení n 26

constipated: I'm constipated mám zácpu

consulate konsulát m 102

contact (noun) kontakt m

contact (verb) kontaktovat/ zkontaktovat 102

contact lenses kontaktní čočky fpl

contagious nakažlivý

contraceptive (noun) antikoncepce f

cook (verb) vařit/uvařit

cooked vařený

cooking vaření n; **to do the cooking** vařit

cool: it's cool (weather) je chladno; **serve cool** podávejte vychlazené

corkscrew vývrtka f

correct správný

cost stát (imperf); **it costs...** stojí to...

cotton bavlna f

cotton buds vatové tyčinky fpl

cotton wool vata f

cough (noun) kašel m; **to have a cough** mít kašel

cough (verb) kašlat (imperf)

count počítat/spočítat

country země f

countryside venkov m

course: of course jistě/samozřejmě

cover (noun) přikrývka f

cover (verb) přikrývat/přikrýt

credit card kreditní karta f 35, 47, 75, 84

cross (noun) kříž m

cross (verb) přecházet/přejít

cry křičet (imperf); (of baby) plakat (imperf)

cup šálek m

currency měna f

customs celnice f

cut (with knife) řezat/uříznout; (with scissors) stříhat/ustříhnout; **to cut oneself** říznout se

cycle path cyklistická stezka f, stezka f pro cyklisty **69**

Czech *(noun) (person)* Čech m/Češka f; *(language)* čeština f; **do you speak Czech?** mluvíte česky?

Czech *(adj)* český; **Czech Republic** Česká republika f

D

damaged poškozený

damp vlhký

dance *(noun)* tanec m

dance *(verb)* tančit/zatančit si

dangerous nebezpečný

dark tmavý; **dark blue** tmavo-modrý

date *(noun)* datum n; **out of date** zastaralý

date (from) pocházet (z +gen)

date of birth datum n narození

daughter dcera f

day den m; **the day after tomorrow** pozítří n; **the day before yesterday** předevčírem

dead mrtvý

deaf hluchý

dear drahý

debit card debitní karta f

December prosinec m

declare deklarovat; **have you anything to declare?** máte něco k proclení?

deep hluboký

degree stupeň m

delay zpoždění n

delayed opožděno

deli lahůdky fpl

dentist zubař m

deodorant deodorant m

department oddělení n

department store obchodní dům m

departure *(of train)* odjezd m; *(of plane)* odlet m

depend: that depends (on) to záleží (na +loc)

deposit kauce f

dessert dezert m **45**

develop: to get a film developed dát si vyvolat film

diabetes diabetik m

dialling code předčíslí n

diarrhoea: to have diarrhoea mít průjem

die umírat/umřít

diesel diesel m

diet dieta f; **to be on a diet** držet dietu

different different; **different from** odlišný od (+gen)

difficult těžký

digital camera digitální foto-aparát m

dinner večeře f; **to have dinner** večeřet/navečeřet se

direct *(adj)* přímý

direction směr m; **to have a good sense of direction** mít dobrý orientační smysl

directory telefonní seznam m

directory enquiries informace fpl

dirty *(adj)* špinavý

disabled invalidní **103**

disaster katastrofa f

disco disko(téka) f

discount sleva f **62**; **to give someone a discount** prodat se slevou

discount fare lístek m se slevou

dish *(plate)* mísa f; *(meal)* jídlo n; **dish of the day** nabídka f dne

dishes nádobí n; **to do the dishes** mýt/umýt nádobí

dish towel utěrka f

dishwasher myčka f nádobí

disinfect dezinfikovat/ vydezinfikovat

disposable na jedno použití

disturb rušit/vyrušit; **do not disturb** nerušit

do dělat/udělat

doctor lékař m/lékařka f, doktor m/doktorka f **96**

door dveře fpl

downstairs dole/dolů

draught beer točené pivo n

dress: to get dressed oblékat se/obléknout se

dressing oblékání n

drink *(noun)* nápoj m; **to go for a drink** jít na skleničku **42, 54**; **to have a drink** dát si skleničku

drink *(verb)* pít/napít se

drinking water pitná voda

drive: to go for a drive projet se autem

drive *(verb)* řídit *(imperf)*; *(someone)* odvézt *(perf)*

driving licence řidičský průkaz m

drops kapky fpl

drown topit se/utopit se

drugs drogy fpl

drunk opilý

dry *(adj)* suchý

dry *(verb)* schnout/uschnout; *(clothes)* sušit/usušit

dry cleaner's čistírna f

duck kachna f

during během *(+gen)*; **during the week** během týdne

dustbin koš m na odpadky

duty chemist's lékárna f

E

each každý; **each one** každý

ear ucho n, uši fpl

early brzy

earplugs špunty mpl do uší

earrings náušnice fpl

earth země f

east východ m; **in the east** na východ/na východě; **(to the) east of** na východ od *(+gen)*

east *(adj)* východní

Easter Velikonoce fpl

easy snadný

eat jíst/najíst se **42**

economy class turistická třída f

Elastoplast® náplast f

electric elektrický; **electric shaver** elektrický holicí strojek m

electricity elektřina f

electricity meter elektroměr m

e-mail e-mail m

e-mail address e-mailová adresa f **18, 89**

embassy ambasáda f, velvyslanectví n

emergency naléhavý případ **102**;
  in an emergency v nouzi
emergency exit nouzový východ
  m
empty prázdný
end konec *m*; **at the end of**
  koncem (*+gen*); **at the end of**
  the street na konci ulice
engaged (*line, toilet*) obsazený
engine motor *m*
England Anglie *f*
English (*n*) Angličan *m*/
  Angličanka *f*; (*language*)
  angličtina *f*; **do you speak**
  English? mluvíte anglicky?
English (*adj*) anglický
enjoy: enjoy your meal! dobrou
  chut'!; **to enjoy oneself** bavit se
enough dost; **that's enough** to
  stačí
entrance vchod *m*
envelope obálka *f*
epileptic epileptický
equipment zařízení *n*
espresso expreso *n*
euro euro *n*
Eurocheque eurošek *m*
Europe Evropa *f*
European evropský
evening večer *m*; **in the evening**
  večer
every každý; **every day** každý
  den
everybody, everyone každý
everywhere všude
except kromě (*+gen*)
exceptional vyjímečný
excess nadváha *f*

exchange směna *f*
exchange rate směnový kurz *m*
excuse (*noun*) omluva *f*
excuse (*verb*) omlouvat se/omluvit
  se; **excuse me** promiň (*sg*),
  promiňte (*pl*)
exhaust vyčerpávat/vyčerpat
exhausted vyčerpaný
exhaust pipe výfuk *m*
exhibition výstava *f*
exit východ *m*
expensive drahý
expiry date platnost *f* do
express (*adj*) expresní
expresso expreso *n*
extra dodatečný, ještě jeden
eye oko *n*, oči *fpl*

F

face obličej *m*
facecloth žínka *f*
fact fakt *m*, skutečnost *f*; **in fact**
  totiž, vlastně
faint slabý; **I feel faint** je mi
  nevolno
fair (*noun*) veletrh *m*
fall (*verb*) padat/upadnout; **to fall**
  asleep usnout (*perf*); **to fall ill**
  onemocnět (*perf*)
family rodina *f*
fan fanoušek *m*
far daleko; **far from** daleko od
  (*+gen*)
fare tarif *m*
fast rychlý
fast-food restaurant rychlé
  občerstvení *n*, fast-food *m*

fat *(noun)* tuk *m*
fat *(adj)* tučný
father otec *m*
favour služba *f*; **to do someone a favour** prokázat komu službu
favourite oblíbený
fax fax *m*
February únor *m*
fed up: I'm fed up (with) mám (toho) dost
feel cítit se *(imperf)*; **to feel good/bad** cítit se dobře/špatně
feeling pocit *m*
festival festival *m*
fetch: to go and fetch someone/something jít pro někoho/něco
fever horečka *f*; **to have a fever** mít horečku
few několik *(+gen)*
fiancé(e) snoubenec *m*/snoubenka *f*
fight *(noun)* rvačka *f*
fill plnit/naplnit
fill in vyplňovat/vyplnit
fill up: to fill up with petrol brát/nabrat plnou nádrž (benzínu)
filling *(in tooth)* plomba *f*
film film *m* **81**
finally konečně
find nacházet/najít
fine *(noun)* pokuta *f*
fine *(adj)* dobrý, skvělý; **I'm fine** je mi dobře, jsem v pořádku
finger prst *m*
finish končit/skončit
fire oheň *m*; **fire!** hoří!
fire brigade hasiči *mpl*
fireworks ohňostroj *m*

first *(adj)* první; **first (of all)** nejdřív
first class první třída *f*
first floor první patro *n*
first name jméno *n*
fish *(n)* ryba *f*
fishmonger's, fish shop rybárna *f*
fitting room zkušební kabina *f*
fizzy *(water)* perlivý; *(wine)* šumivý
flash blesk *m*
flask termoska *f*
flat *(adj)* plochý; **flat tyre** prázdné kolo *n*
flat *(noun)* byt *m*
flavour příchuť *f*
flaw vada *f*
flight let *m*
flip-flops vietnamky *fpl*
floor patro *n*, poschodí *n*; **on the floor** na zemi
flu chřipka *f*
fly *(noun)* moucha *f*
fly *(verb)* létat/letět
food jídlo *n* **76**
food poisoning otrava *f* ze zkažených potravin
foot noha *f*
for pro *(+gen)*
forbidden zakázáno
forecast předpověď *f* počasí
forehead čelo *n*
foreign cizí
foreigner cizinec *m*/cizinka *f*
forest les *m*
fork vidlička *f*
former bývalý
forward *(adj)* přední
four-star petrol super *m*

fracture zlomenina *f*
fragile křehký
free volný; *(of charge)* zadarmo
freezer mraznička *f*
Friday pátek *m*
fridge lednička *f*
fried smažený
friend přítel *m*/přítelkyně *f*
from z (+*gen*), od (+*gen*); **from
… to …** od … do …
front *(adj)* přední; **in front of**
naproti (+*gen*)
fry smažit/usmažit
frying pan pánev *f*
full: full (of) plný (+*gen*)
full board plná penze *f*
full fare, full price plný tarif *m*,
plná cena *f*
funfair pouť *f*
fuse pojistka *f*

G

gallery galerie *f*
game hra *f*
garage garáž *f* **31**
garden zahrada *f*
gas plyn *m*
gas cylinder plynová bomba *f*
gastric flu střevní chřipka *f*
gate brána *f*
gauze gáza *f*
gay homosexuál *m*
gearbox převodovka *f*
general obecný
gents' (toilet) muži/páni
Germany Německo *n*
get dostávat/dostat

get off vystupovat/vystoupit
get up vstávat/vstát
gift wrap dárkové balení *n*
girl dívka *f*
girlfriend přítelkyně
give dávat/dát
give back vracet/vrátit
glass *(noun)* sklenice *f*, sklenička
f; **a glass of water/of wine**
sklenička *f* vody/vína
glasses brýle *fpl*
gluten-free bezlepkový
go *(on foot)* chodit/jít; *(in vehicle)*
jezdit/jet **32**; **to go to Prague/
the Czech Republic** jet do
Prahy/do České republiky;
we're going home tomorrow
zítra jedeme domů
go away *(on foot)* odejít; *(in vehicle)*
odjet
go in vstupovat/vstoupit
go out jít ven
go with jít s (+*instr*)
golf golf *m*
golf course golfové hřiště *n*
good dobrý; **good morning**
dobré ráno; **good evening** dobrý
večer
goodbye nashledanou
goodnight dobrou noc
goods zboží *n sg*
GP obvodní/praktický lékař *m*
gram gram *m*; **100 grams** 10
deka
grass tráva *f*
great velký
Great Britain Velká Británie *f*
Greece Řecko *n*

green zelený

grey šedý

grocer's koloniál *m*, obchod *m* se smíšeným zbožím

ground země *f*, podlaha *f*; **on the ground** na zemi

ground floor přízemí *n*

ground sheet koberec *m*

grow růst/vyrůst

guarantee *(noun)* záruka *f*

guarantee *(verb)* zaručit *(perf)*

guest host *m*

guest house rodinný penzión *m*

guide průvodce *m* **56**

guidebook průvodce *m*

guided tour prohlídka *f* s průvodcem

gynaecologist gynekolog *m*, ženský lékař *m*

H

hair vlasy *mpl*

hairdresser *(for women)* kadeřník *m*; *(for men)* holič *m*

hairdrier vysoušeč *m* vlasů

half polovina *f*; **half a litre/kilo** půl litru/kila; **half an hour** půlhodina *f*

half-board polopenze *f*

half-pint: a half-pint velké pivo *n*

hand ruka *f*

handbag kabelka *f*

handbrake ruční brzda *f*

handicapped invalidní

handkerchief kapesník *m*

hand luggage příruční zavazadlo *n* **26**

hand-made ručně vyráběný

hangover kocovina *f*

happen: what's happening? co se děje?; **what's happened?** co se stalo?

happy šťastný

hard tvrdý

hashish hašiš *m*

hat klobouk *m*

hate nenávidět *(imperf)*

have mít *(imperf)*

have to muset *(imperf)*; **I have to go** musím jít

hay fever senná rýma *f*

he on *(see grammar)*

head hlava *f*

headache: I have a headache bolí mě hlava

headlight reflektor *m*

health zdraví *n*

hear slyšet/uslyšet

heart srdce *n*

heart attack infarkt *m*

heat teplo *n*

heating topení *n*

heavy těžký

hello dobrý den, ahoj

helmet přílba *f*

help *(noun)* pomoc *f* **101**; **to call for help** přivolat pomoc; **help!** pomoc!

help *(verb)* pomáhat/pomoci

her jí/ji *(see grammar)*

here tady; **here is/are** tady je/jsou

hers její *(see grammar)*

hi! ahoj!

high vysoký

high blood pressure vysoký krevní tlak *m*

hiking pěší turistika *f*; **to go hiking** chodit na túry

hill kopec *m*

hill-walking horská turistika *f*; **to go hill-walking** chodit na horské túry

him jemu/mu; jeho/ho *(see grammar)*

himself sám *m*

hip bok *m*

hire *(noun)* půjčovna *f*

hire *(verb)* půjčovat si/půjčit si **66, 68, 69**

his jeho *(see grammar)*

hitchhike stopovat *(imperf)*

hitchhiking jezdit/jet stopem

hold držet/podržet; **hold on!** *(on the phone)* nepokládejte!

holiday(s) dovolená *f*; *(from school)* prázdniny *fpl*; *(public)* svátek; **on holiday** na dovolené/na prázdninách **17**

Holland Holandsko *n*

home domov *m*; **at home** doma; **to go home** jít domů

homosexual *(noun)* homosexuál *m*

homosexual *(adj)* homosexuální

honest čestný

honeymoon svatební cesta *f*

horse kůň *m*

hospital nemocnice *f*

hot horký; **hot drink** horký nápoj *m*; **it's hot** je horko

hot chocolate horká čokoláda *f*

hotel hotel *m* **36**

hotplate elektrická plotýnka *f*

hour hodina *f*; **an hour and a half** hodinu a půl

house dům *m*

housework domácí práce *f*; **to do the housework** dělat domácí práce

how jak; **how are you?** jak se máš *(sg)*/máte *(pl)*?

hunger hlad *m*

hungry: to be hungry mít hlad

hurry: to be in a hurry spěchat *(imperf)*

hurry (up) pospíšit si *(perf)*

hurt: it hurts bolí to; **my head hurts** bolí mě hlava

husband manžel *m*

I

I já *(see grammar)*; **I'm English** jsem Angličan *m*/Angličanka *f*; **I'm 22 (years old)** je mi 22 let

ice led *m*

ice cube kostka *f* ledu

identity card průkaz *m* totožnosti

identity papers doklady *mpl*

if jestliže

ill nemocný

illness nemoc *f*

important důležitý

in v *(+loc)*; **in England** v Anglii; **in 2006** v roce 2006; **in the 19th century** v 19. století; **in an hour** za hodinu; **in Czech** v češtině

included včetně *(+gen)*

independent nezávislý

indicator ukazatel *m*

infection infekce *f* **61**

information informace f
injection injekce f
injured zraněný
insect hmyz m
insecticide prostředek m na hubení hmyzu
inside uvnitř
insomnia nespavost f
instant coffee instantní káva f
instead namísto (toho); **instead of** namísto (+ gen)
insurance pojištění n
intend: to intend to… mít v úmyslu…
international mezinárodní
international money order mezinárodní platební příkaz m
Internet internet m
Internet café internetová kavárna f 88
invite zvát/pozvat
Ireland Irsko n
Irish (adj) irský
Irishman, Irishwoman Ir m/Irka f
iron (noun) žehlička f
iron (verb) žehlit/vyžehlit
island ostrov m
it to (see grammar); **it's beautiful** je to krásné; **it's warm** je teplo
Italy Itálie f
itchy: it's itchy svědí to

J

jacket (straight) sako n; (blouson) bunda f
January leden m
jetlag únava f z časového posunu

jeweller's klenotnictví n
jewellery šperky mpl
job práce f
jogging jogging m
journey cesta f
jug karafa f
juice šťáva f; **orange juice** pomerančová šťáva f, džus m
July červenec m
jumper svetr m
June červen m
just: just before právě před; **just a little** jen trochu; **just one** jen jeden; **I've just arrived** právě jsem přijel (m)/přijela (f); **just in case** v případ (potreby)

K

kayak kajak m
keep nechávat/nechat (si)
key klíč m 31, 37
kidney ledvina f
kill zabít (perf)
kilometre kilometr m
kind: what kind of music is it? jaká je to hudba?
kitchen kuchyně f
knee koleno n
knife nůž m
knock down srazit (perf)
know vědět (imperf) 20; **I don't know** nevím

L

ladies' (toilet) ženy/dámy
lake jezero n

lamp lampa *f*
landmark orientační bod *m*
landscape krajina *f*
language jazyk *m*
laptop přenosný počítač *m*
last *(adj)* minulý; **last year** loni
last *(verb)* trvat *(imperf)*
late pozdě **55**
late-night opening otevřeno
  dlouho do noci
latte káva *f* latte
laugh smích *m*
launderette (americká) prádelna
  f
lawyer právník *m*
leaflet prospekt *m*
leak *(noun)* únik *m*
learn učit se/naučit se
least: the least nejmenší; **at
  least** alespoň
leave odjíždět/odjet
left levý; **to the left (of)** vlevo/
  nalevo (od *+gen*)
left-luggage (office) úschovna *f*
  zavazadel
leg noha *f*
lend půjčovat/půjčit
lens čočka *f*
lenses čočky *fpl*
less méně; **less than** méně než
let nechávat/nechat
letter dopis *m*
letterbox *(in house)* dopisní
  schránka *f*; *(in street)* poštovní
  schránka *f*
library knihovna *f*
life život *m*
lift výtah *m*

light *(adj)* lehký; **light blue**
  světlemodrý
light *(noun)* světlo *n*; **do you have
  a light?** nemáte oheň?
light *(verb)* zapalovat/zapálit
light bulb žárovka *f*
lighter zapalovač *m*
like *(adv)* jako
like *(verb)* *(person, activity)* mít rád
  m/ráda *f*; *(object)* líbit se **19**;
  (food) chutnat; **I'd like …** rád
  m/ráda *f* bych …
line linka *f* **29**
lip ret *m*
listen poslouchat/poslechnout
  (si) *(+acc)*
listings magazine přehled *m*
  kulturních pořadů
litre litr *m*
little *(adj)* malý
little *(adv)* trochu
live *(verb)* žít *(imperf)*
liver játra *npl*
living room obývací pokoj *m*
local time místní čas *m*
lock *(noun)* zámek *m*
lock *(verb)* zamykat/zamknout
long dlouhý; **a long time** dlouho;
  how long …? jak dlouho ...?
look vypadat *(imperf)*; **to look
  tired** vypadat unaveně
look after starat se/postarat se
  (o *+acc*)
look at dívat se/podívat se (na
  +acc)
look for hledat *(imperf)*
look like vypadat jako/podobat
  se *(+dat)*

lorry nákladní auto *n*
lose ztrácet/ztratit **102**; **to get lost** ztratit se; **to be lost** zabloudit **14**
love milovat *(imperf)*
lot: a lot (of) hodně *(+ gen)*
loud hlasitě
low nízký
low blood pressure nízký krevní tlak *m*
low-fat nízkotučný
luck štěstí *n*
lucky: to be lucky mít štěstí
luggage zavazadla *npl* **26**
lukewarm vlažný
lunch oběd *m*; **to have lunch** obědvat/naobědvat se
lung plíce *f*
luxury *(noun)* luxus *m*
luxury *(adj)* luxusní

M

magazine časopis *m*
maiden name rodné příjmení *n*
mail *(noun)* pošta *f*
mail *(verb)* posílat/poslat poštou
main hlavní
main course hlavní jídlo *n*
make dělat/udělat
man muž *m*
manage řídit *(imperf)*
manager manažer *m*
many hodně *(+gen)*; **how many?** kolik?; **how many times …?** kolikrát ...?
map mapa *f* **13**, **28**, **61**
March březen *m*

market trh *m*
married *(man)* ženatý; *(woman)* vdaná
mass mše *f*
match *(for fire)* zápalka *f*; *(game)* zápas
material materiál *m*
matter: it doesn't matter na tom nezáleží
mattress matrace *f*
May květen *m*
maybe možná
me mě/mně *(see grammar)*; **me too** já taky
meal jídlo *n*
mean znamenat *(imperf)*; **what does … mean?** co znamená ...?
medicine lék *m*
medium střední, medium; *(meat)* dobře propečený
meet potkávat/potkat **55**
member člen *m*
menu jídelní lístek *m*
message vzkaz *m* **91**
meter metr *m*
metre metr *m*
microwave mikrovlnná trouba *f*
midday poledne *n*
middle prostřední; **in the middle (of)** uprostřed *(+gen)*
midnight půlnoc *f*
might: it might rain mohlo by pršet
mind: I don't mind je mi to jedno
mine můj *m* *(see grammar)*
mineral water minerální voda *f*
minister ministr *m*

minute minuta *f*; **at the last minute** na poslední chvíli
mirror zrcadlo *n*
Miss slečna *f*
miss zmeškat *(perf)* **26**, **29**; **we missed the train** zmeškali jsme vlak; **there are two ... missing** scházejí (mi) dva ...
mistake chyba *f*; **to make a mistake** udělat chybu
mobile (phone) mobil *m* **91**
modern moderní
moisturizer hydratační krém *m*
moment chvíle *f*; **at the moment** v tuto chvíli
monastery klášter *m*
Monday pondělí *n*
money peníze *mpl*
month měsíc *m*
monument památka *f*
mood: to be in a good/bad mood mít dobrou/špatnou náladu
moon měsíc *m*
moped moped *m*
Moravia Morava *f*
Moravian *(noun)* Moravan *m/* Moravanka *f*
Moravian *(adj)* moravský
more více; **more than** více než; **much more, a lot more** mnohem více; **there's no more ... ** ... už není
morning ráno *n*
morning-after pill postinor *m*
mosquito komár *m*
most: the most nejvíce; **most people** většina lidí
mother matka *f*

motorbike motorka *f*
motorway dálnice *f*
mountain hora *f*
mountain bike horské kolo *n*
mountain hut horská chata *f*
mouse myš *f*
mouth ústa *npl*, pusa *f*
movie film *m*
Mr pan *m*
Mrs paní *f*
much: how much? kolik; **how much is it?, how much does it cost?** kolik to stojí?
muscle sval *m*
museum muzeum *n*
music hudba *f*
must muset; **it must be 5 o'clock** musí být 5 hodin; **I must go** musím jít
my můj *(see grammar)*
myself sám

N

nail nehet *m*
naked nahý
name jméno *n* **15**; **my name is ...** jmenuji se ...
nap: to have a nap zdřímnout si
napkin ubrousek *m*
nappy plenka *f*
national holiday státní svátek *m*
nature příroda *f*
near blízko; **near the city centre** blízko centra; **the nearest ...** nejbližší ...
necessary nutný
neck krk *m*

need potřebovat (imperf)
neighbour soused m/sousedka f
neither: neither do I ani já ne;
neither ... nor ... ani ... ani ...
nervous nervózní
Netherlands Nizozemsko n
never nikdy
new nový
news zpráva f, zprávy fpl
newsagent prodavač m novin
newspaper noviny fpl
newsstand novinový stánek m
next příští
New Year Nový rok m
nice pěkný; (person) sympatický
night noc f **36**, **38**
nightclub noční klub m
nightdress noční košile f
no ne; **no, thank you** ne, děkuji;
  no idea nevím
nobody nikdo
noise hluk m; **to make a noise**
  dělat rámus
noisy hlučný
non-drinking water užitková
  voda f
none žádný
non-smoker nekuřák m
noon poledne n
north (noun) sever m; **in the**
  north na severu; **(to the) north**
  of na sever (od +gen)
north (adj) severní
nose nos m
not: they are not here nejsou
tady (see grammar); **not yet** ještě
ne; **not any** ani jeden; **not at all**
vůbec ne

note (noun) poznámka f
notebook poznámkový sešit m
nothing nic
novel román m
November listopad m
now ted', nyní
nowadays dnes/v dnešní době
nowhere nikde
number číslo n
nurse (zdravotní) sestra f

O

obvious jasný
ocean oceán m
o'clock: one o'clock hodina f;
  three o'clock tři hodiny **110**
October říjen m
of z (+gen) (see grammar); **a bottle**
  of wine láhev vína; **one of us**
  jeden z nás
offer (noun) nabídka f
offer (verb) nabídnout/nabízet
often často
oil olej m
ointment mast f
OK ok
old starý; **how old are you?** kolik
  je ti/vám let?; **old people** starší
  lidé
old town staré město n
on na (+loc); **on the table** na
  stole
once jednou; **once a day/an hour**
  jednou denně/za hodinu
one jeden
only jen(om)
open (adj) otevřený

open *(verb)* otevírat/otevřít
operate uplatňovat
operation: to have an operation být operován
opinion názor *m*; **in my opinion** podle mého názoru
opportunity příležitost *f*
opposite *(adv)* naproti; **the house opposite** dům naproti
opposite *(prep)* naproti *(+dat)*
optician optik *m*
or nebo
orange pomeranč *m*
orchestra orchestr *m*
order *(noun)* objednávka *f*; **out of order** mimo provoz *m*
order *(verb)* objednávat/objednat
organic bio(logický)
organize organizovat/zorganizovat
other jiný; **others** ostatní
otherwise jinak
our náš *(see grammar)*
ours náš *(see grammar)*
outside ven/venku
outward journey cesta *f* tam
oven trouba *f*
over: over there tam
overdone *(meat)* příliš propečený
overweight: my luggage is overweight zavazadla nad povolenou váhu
own *(adj)* vlastní; **my own car** moje vlastní auto *n*
own *(verb)* vlastnit *(imperf)*
owner majitel *m*

P

pack: to pack one's suitcase zabalit si kufr *m*
package holiday organizovaný zájezd *m*, zájezd *m* s cestovní kanceláří
packet balíček *m*
painting malířství *n*
pair pár *m*; **a pair of pyjamas** pyžamo *n*; **a pair of shorts** šortky *fpl*
palace palác *m*
pants spodky *mpl*
paper papír *m*; **paper napkin** papírový ubrousek *m*; **paper tissue** papírový kapesník *m*
parcel balík *m*
pardon? prosím?
parents rodiče *mpl*
park *(noun)* park *m*
park *(verb)* parkovat/zaparkovat
parking meter parkometr *m*
parking space parkoviště *n*
part část *f*; **to be a part of** být součástí *(+gen)*
party večírek *m*, party *f*
pass *(noun)* průkazka *f*
pass *(verb)* procházet/projít
passenger pasažér *m*
passport pas *m*
past *(adj)* minulý; **a quarter past ten** čtvrt na jedenáct
path stezka *f*
patient pacient *m*
pay platit/zaplatit **75**
pedestrian pěší
pedestrianized street pěší zóna

pee čurat/vyčurat se

peel loupat/oloupat

pen pero n, (propisovací) tužka f

pencil tužka f

people lidé mpl **43**

percent procento n; **50 percent** padesát procent

perfect perfektní

perfume parfém m

perhaps snad

periods menstruace f

person osoba f

personal stereo walkman m

petrol benzín f **30**

petrol station čerpací stanice f, benzínová pumpa f

phone (noun) telefon m **102**

phone (verb) telefonovat/zatelefonovat (+dat)

phone box telefonní kabina f **91**

phone call telefonický hovor m; **to make a phone call** zatelefonovat (si)

phonecard telefonní karta f **91**

phone number telefonní číslo n

photo fotka f; **to take a photo (of)** vyfotografovat (+acc) **81**; **to take someone's photo** vyfotografovat (+acc)

picnic piknik m; **to have a picnic** dělat/udělat si piknik

pie koláč m

piece kousek m; **a piece of** kousek (+gen); **a piece of fruit** ovoce n

piles hemoroidy mpl

pill prášek m; **to be on the pill** brát (imperf) antikoncepci

pillow polštář m

pillowcase povlak m na polštář

PIN (number) (kód m) PIN, tajný kód m

pink růžový

pity: it's a pity to je škoda

place místo n

plan plán m

plane letadlo n

plant rostlina f

plaster náplast f

plaster cast sádra f

plastic plastikový

plastic bag igelitová taška f

plate talíř m

platform (for train) nástupiště n **29**

play (noun) hra n

play (verb) hrát/zahrát si

please prosím

pleased: pleased to meet you! těšilo mě!

pleasure radost f; **with pleasure** s radostí

plug zásuvka f

plug in zapojovat/zapojit

plumber instalatér m

point bod m

police policie f

policeman/policewoman policista m/policistka f

police station policejní stanice f **102**

poor chudý

port přístav m

portrait portrét m

Portugal Portugalsko n

possible možný

post (noun) pošta f

postbox poštovní schránka f **87**

postcard pohlednice f

postcode poštovní směrovací číslo n, PSČ

poste restante poste restante

poster plakát m

postman listonoš m

post office pošta f **87**

pot (for jam) sklenice f; (for cooking) hrnec m

pound (money) libra f

powder prášek m

practical praktický

pram kočárek m

prefer dávat/dát přednost (+dat)

pregnant těhotná **98**

prepare připravovat/připravit

present (noun) dárek m **79**

press tisk m

pressure tlak m

previous předchozí

price cena f

private soukromý

prize cena f

probably asi, pravděpodobně

problem problém m

procession procesí n

product výrobek m, produkt m

profession zaměstnání m, profese f

programme program m

promise (noun) slib m

promise (verb) slibovat/slíbit

propose navrhovat/navrhnout

protect chránit/ochránit

proud (of) pyšný (na +acc)

public veřejný

public holiday svátek m, den m volna

pull tahat/táhnout

purple fialový

purpose: on purpose schválně

purse peněženka f, náprsní taška f

push (person) strkat/strčit do (+gen); (objekt) tlačit/zatlačit

pushchair kočárek m

put dávat/dát

put up zvedat/zvednout

put up with snášet/snést

Q

quality kvalita f; **of good/bad quality** kvalitní/nekvalitní

quarter čtvrt f; **a quarter of an hour** čtvrt hodiny; **a quarter to ten** tři čtvrtě na deset

question otázka f

queue (noun) fronta f

queue (verb) stát frontu

quick rychlý

quickly rychle

quiet tichý, klidný

quite zcela; **quite a lot of** docela dost (+gen)

R

racist (adj) rasistický

racket raketa f

radiator radiátor m

radio rádio n, rozhlas m

radio station rozhlasová stanice f

rain (noun) déšť m

rain: it's raining prší

random: at random náhodou

rape znásilnění *n*
rare vzácný, unikátní; *(meat)* krvavý
rarely zřídka
rather spíš
raw syrový
razor holicí strojek *m*
razor blade žiletka *f*
reach *(person)* zastihnout
read číst/přečíst
ready připravený
reasonable rozumný
receipt stvrzenka *f* **75, 99**
receive *(person)* přijímat/přijmout; *(object)* dostávat/dostat
reception recepce *f*; **at reception** na recepci **38**
receptionist recepční *mf*
recipe recept *m*, předpis *m*
recognize poznávat/poznat; *(admit)* uznávat/uznat
recommend doporučovat/doporučit
red červený; *(hair)* rusý; **red wine** červené víno *n*
red light červená
reduce snižovat/snížit
reduction sleva *f*
refrigerator lednička *f*
refund *(noun)* vrácení *n* peněz; **to get a refund** dát si proplatit (výlohy) **78**
refund *(verb)* vrátit *(perf)* peníze
refuse odmítat/odmítnout
registered registrovaný
registration number státní poznávací značka *f*, SPZ
remember vzpomínat si/vzpomenout si
remind připomínat/připomenout
remove vzít, odstranit *(perf)*
rent *(noun) (for house)* nájemné *m*; **for rent** k pronajmutí
rent *(verb)* pronajímat si/pronajmout si **39**; *(to someone)* pronajímat/pronajmout *(+dat)*; *(car)* půjčovat si/půjčit si
rental *(of house)* pronájem *m*; *(of car)* půjčovna *f*
reopen znovu otevírat/otevřít
repair opravovat/opravit **31**; **to get something repaired** dát si něco opravit
repeat opakovat/zopakovat **11**
reserve rezervovat/zarezervovat **43, 44**
reserved réservé
rest: *(noun)* **the rest** zbytek *m*
rest *(verb)* odpočívat/odpočinout si
restaurant restaurace *f*
return vracet se/vrátit se **78**
return ticket zpáteční jízdenka
reverse-charge call volat/zavolat na účet volaného **91**
reverse gear zpátečka *f* or couvat
rheumatism revmatismus *m*
rib *(of person)* žebro *n*; *(of meat)* žebírko *n*
right *(noun)* právo *n*; **to have the right to …** mít právo …; **to the right (of)** napravo (od)
right *(adj)* správný; **you're right** máš *(sg)*/máte *(pl)* pravdu
right: *(adv)* **right away** hned;

right beside hned vedle
ring zvonek *m*
ripe zralý
rip-off podvod *m*
risk *(noun)* riziko *n*
risk *(verb)* riskovat
river řeka *f*
road silnice *f*
road sign značka *f*
rock skála *f*
rollerblades inlajny *fpl*
room místnost *f* **36**, **37**
rosé wine růžové víno *n*
round kruhový
roundabout kruhový objezd *m*
rubbish odpadky *mpl*; **to take the rubbish out** vynést odpadky
rucksack batoh *m*
rug koberec *m*, kobereček *m*
ruins trosky *fpl*; **in ruins** v rozvalinách
run out: I've run out of petrol došel mi benzín

---

sad smutný
safe bezpečný
safety bezpečnost *f*
safety belt bezpečnostní pás *m*
sale: for sale na prodej; **in the sale** v prodeji
sales výprodej *m*
salt sůl *m*
salted (o)solený
salty slaný
same stejný; **the same** ten samý **45**
sand písek *m*

sandals sandály *mpl*
sanitary towel vložka *f*
Saturday sobota *f*
saucepan hrnec *m*
save *(person)* zachraňovat/zachránit; *(money, time)* ušetřovat/ušetřit
say říkat/říci; **how do you say… ?** jak se řekne… ?
scared: to be scared (of) mít strach (z +gen)
scenery krajina *f*
scissors nůžky *fpl*
scoop: one/two scoop(s) *(of ice cream)* jeden kopeček/dva kopečky
scooter skútr *m*
scotch *(whisky)* skotská whisky *f*
Scot Skot *m*/Skotka *f*
Scotland Skotsko *n*
Scottish skotský
sea moře *n*
seafood plody *mpl* moře
season roční *n* období
seat sedadlo *m*, místo *n* **24**; **to take a seat** posadit se
second druhý
secondary school střední škola *f*
second class druhá třída *f*
second-hand second hand, z druhé ruky
secure bezpečný
security bezpečnost *f*
see vidět/uvidět; **see you later!** zatím nashledanou!; **see you soon!** brzy nashledanou!; **see you tomorrow!** zítra nashledanou!

seem zdát se *(imperf)*; **it seems that ...** zdá se, že ...

seldom zřídka

self-confidence sebevědomí *n*

sell prodávat/prodat

Sellotape® izolepa *f*

send posílat/poslat

sender odesílatel *m*

sense smysl *m*

sensitive citlivý

sentence věta *f*

separate oddělený

separately zvlášť'

September září *n*

serious vážný

several několik

sex pohlaví *n*

shade stín *m*; **in the shade** ve stínu

shame ostuda *f*

shampoo šampón *m*

shape tvar *m*, forma *f*

share dělit/rozdělit (se)

shave holit se/oholit se

shaving cream krém *m* na holení

shaving foam pěna *f* na holení

she ona *(see grammar)*

sheet *(on bed)* povlečení *n*; *(of paper)* list *m*

shellfish plody *mpl* moře

shirt košile *f*

shock náraz *m*

shocking šokující

shoes boty *fpl*

shop obchod *m*

shop assistant prodavač *m*/ prodavačka *f*

shopkeeper obchodník *m*

shopping nákupy *mpl*; **to do the shopping, to go shopping** nakupovat

shopping centre nákupní středisko *n*

short krátký; **I'm two euros short** schází mi dvě eura

short cut zkratka *f*

shorts šortky *fpl*

short-sleeved s krátkým rukávem

shoulder rameno *n*

show *(noun)* představení *n* 57

show *(verb)* ukazovat/ukázat

shower sprcha *f*; **to take a shower** sprchovat se/ osprchovat se

shower gel sprchový gel *m*

shut *(verb)* zavírat/zavřít

shut *(adj)* zavřeno

shuttle kyvadlová doprava *f*; *(bus)* autobus *m* na/z letiště

shy nesmělý

sick: I feel sick chce se mi zvracet

side strana *f*

sign *(noun)* znamení *n*

sign *(verb)* podepisovat/podepsat (se)

signal signál *m*

silent tichý

silver stříbro *n*

silver-plated postříbřený

since od *(+gen)*

sing zpívat/zazpívat

singer zpěvák *m*/zpěvačka *f*

single jeden; *(unmarried)* svobodný

single (ticket) jízdenka *f* tam
sister sestra *f*
sit down sedat si/sednout si
size velikost *f*
ski lyžovat
ski boots lyžařské boty *fpl*
skiing lyžování *f*; **to go skiing** jít
/jet lyžovat
ski lift vlek *m*
ski resort lyžařské středisko *n*
ski stick hůlka *f*
skin kůže *f*, pleť *f*
skirt sukně *f*
sky nebe *n*
skyscraper mrakodrap *m*
sleep *(noun)* spánek *m*
sleep *(verb)* spát/vyspat se; **to
sleep with** spát s *(+instr)*
sleeping bag spací pytel *m*
sleeping pill prášek *m* na spaní
sleepy: to be sleepy být ospalý
sleeve rukáv *m*
slice plátek *m*
sliced krájený
slide diapozitif *m*
Slovak *(noun)* Slovák *m*/Slovenka
f
Slovak *(adj)* slovenský
Slovakia Slovensko *n*
slow pomalý
slowly pomalu
small malý
smell *(noun)* vůně *f*, *(bad)* zápach *m*
smell *(verb)* cítit/ucítit; **to smell
good/bad** vonět/páchnout
smile *(noun)* úsměv *m*
smile *(verb)* usmívat se/usmát se

smoke kouřit/zakouřit si
smoker kuřák *m*/kuřačka *f*
snack svačina *f*
snow *(noun)* sníh *m*
snow *(verb)* sněžit *(imperf)*
so tak; **so that** tak, že; tak, aby
soap mýdlo *n*
soccer fotbal *m*, kopaná *f*
socks ponožky *fpl*
some nějaký; **some people**
někteří lidé
somebody někdo
someone někdo
something nico; **something else**
něco jiného
sometimes někdy
somewhere někde; **somewhere
else** někde jinde
son syn *m*
song píseň *f*, písnička *f*
soon brzy
sore: I have a sore head bolí mě
hlava
sorry: I'm sorry je mi (to) líto;
sorry! promiň *(sg)*/promiňte *(pl)*
south jih *m*; **in the south** na
jihu; **(to the) south of** na jih od
(+gen)
south *(adj)* jižní
souvenir suvenýr *m*
Spain Španělsko *n*
spare *(adj)* rezervní
spare part náhradní díl *m*
spare tyre, spare wheel
náhradní kolo *m*
spark plug svíčka *f*
speak mluvit *(imperf)* **10**, **11**, **92**,
102

special zvláštní; **today's special** nabídka dne

speciality specialita *f*

speed rychlost *f*; **at full speed** plnou rychlostí

spell hláskovat *(imperf)*; **how do you spell it?** jak se to píše?

spend *(money)* utrácet/utratit; *(time)* trávit/strávit

spice koření *n*

spicy kořeněný, pálivý

spider pavouk *m*

splinter rozbít *(perf)*

split up rozdělovat/rozdělit

spoil kazit/zkazit

sponge houba *f*

spoon lžíce *f*

sport sport *m*

sports ground hřiště *n*

sporty sportovně založený

spot *(on skin)* pupínek *m*

sprain: to sprain one's ankle vymknout si kotník

spring *(season)* jaro *n*

square náměstí *n*

stadium stadión *m*

stain skvrna *f*

stained-glass windows vitráže *fpl*

stairs schody *mpl*, schodiště *n*

stamp známka *f* **87**

start začínat/začít; *(of car)* startovat/nastartovat

state stav *m*; **State** stát *m*

statement prohlášení *n*

station stanice *f*; *(for trains)* nádraží *n*

stay *(n)* pobyt *m*

stay *(v)* zůstávat/zůstat; **to stay in touch** zůstat v kontaktu

steal okrádat/okrást *(perf)* **102**

step krok *m*

sticking plaster leukoplast *f*

still ještě; *(all the same)* přece

still water neperlivá voda *f*

sting *(noun)* žihadlo *n*

sting *(verb)* píchnout *(perf)* **97**

stock: out of stock vyprodaný

stomach žaludek *m*

stone kámen *m*

stop *(noun)* *(for bus)* zastávka *f* **29**

stop *(verb)* *(halt)* zastavovat (se)/zastavit (se); *(interrupt)* přestávat/přestat

stopcock uzávěr *m* vody

storey patro *n*

storm bouřka *f*

straight ahead, straight on stále rovně

strange zvláštní, divný

street ulice *f*

strong silný

stuck zablokovaný

student student *m*/studentka *f* **16**, **24**

studies studium *n*

study studovat/vystudovat; **to study biology** studovat biologii

style styl *m*

subtitled s titulky

suburb předměstí *n*

suffer mít *(imperf)* bolesti

suggest navrhovat/navrhnout

suit: does that suit you? padne vám to?

suitcase kufr *m* **26**

summer léto *n*

summit vrchol *m*

sun slunce *n*; **in the sun** na slunci

sunbathe sluneční lázeň *f*

sunburnt: to get sunburnt dostat úpal

sun cream krém *m* na opalování

Sunday neděle *f*

sunglasses sluneční brýle *fpl*

sunhat sluneční klobouk *m*

sunrise východ *m* slunce

sunset západ *m* slunce

sunstroke úžeh *m*; **to get sunstroke** dostat úžeh

supermarket supermarket *m* **39**, **74**

supplement příplatek *m*

sure jistý

surf surf *m*

surfboard surfovací prkno *n*

surfing surfování *n*; **to go surfing** surfovat

surgical spirit líh *m*

surname příjmení *n*

surprise *(noun)* překvapení *n*

surprise *(verb)* překvapovat/ překvapit

sweat *(n)* pot *m*

sweat *(verb)* potit se/zpotit se

sweater svetr *m*

sweet *(noun)* bonbón *m*

sweet *(adj)* sladký

swim: *(noun)* **to go for a swim** jít se koupat

swim *(verb)* plavat/zaplavat si

swimming plavání *n*

swimming pool plovárna *f*

swimming trunks plavky *fpl*

swimsuit plavky *fpl*

switch off *(light)* zhasínat/ zhasnout; *(appliance)* vypínat/ vypnout

switch on *(light)* rozsvěcovat/ rozsvítit; *(appliance)* zapínat/ zapnout

switchboard operator telefonistka *f*

swollen oteklý

synagogue synagoga *f*

syrup sirup *m*

table stůl *m* **43**, **44**

tablespoon naběračka *f*

tablet prášek *m*, tableta *f*

take brát/vzít; **it takes two hours** trvá to dvě hodiny

take off *(of plane)* odlétat/odletět

takeaway s sebou

talk povídat (si) *(imperf)*

tall vysoký

tampon tampón *m*

tan opalovat (se)/opálit (se)

tanned opálený

tap kohoutek *m*

taste *(noun)* chuť *f*

taste *(verb)* mít chuť

tax poplatek *m*

tax-free bez daně

taxi taxi *m* **32**

taxi driver řidič *m* taxi

team tým *m*, družstvo *n*

teaspoon *(čajová)* lžička *f*

teenager teenager *m*

telephone *(noun)* telefon *m*

telephone *(verb)* telefonovat/ zatelefonovat *(+dat)*

television televize *f*

tell říkat/říci

temperature teplota *f* 98; **to take one's temperature** měřit (si)/změřit (si) teplotu

temple chrám *n*

temporary dočasný

tennis tenis *m*

tennis court tenisový kurt *m*

tennis shoes tenisky *fpl*

tent stan *m*

tent peg (stanový) kolík *m*

terminal terminál *m*

terrace terasa *f*

terrible hrozný

thank děkovat/poděkovat; **thank you** děkuji ti *(sg)*/vám *(pl)*; **thank you very much** mockrát děkuji

thanks: děkuji ti *(sg)*/vám *(pl)*; **thanks to** díky *(+dat)*

that tenhle; **that one** tenhle

the *(see grammar)*

theatre divadlo *n*

theft krádež *f*

their jejich *(see grammar)*

theirs jejich *(see grammar)*

them jim, jich *(see grammar)*

theme park zábavní park *m*

then tehdy

there tam; **there is a church over there** tam je kostel; **there are lots of people** je tam hodně lidí

therefore proto

thermometer teploměr *m*

Thermos® flask termoska *f*

these tito *m*, tyto *f*, tato *n*; **these ones** tito *m*, tyto *f*, tato *n*

they oni *(see grammar)*; **they say that...** říkají, že...

thief zloděj *m*

thigh stehno *n*

thin hubený

thing věc *f*; **things** věci *fpl*

think myslet (si) *(imperf)*

think about přemýšlet (o *+loc*)

thirst žízeň *f*

thirsty: to be thirsty mít žízeň

this ten *m*, ta *f*, to *n*; **this one** tento; **this evening** dnes večer; **this is ...** to je ...

those tihle *m*, tyhle *f*, tahle *n*; **those ones** tihle *m*, tyhle *f*, tahle *n*

throat krk *m*; **I have a sore throat** bolí mi v krku

throw házet/hodit

throw out vyhazovat/vyhodit

Thursday čtvrtek *m*

ticket lístek *m* 57; *(for train, tram)* jízdenka *f*; *(for plane)* letenka *f* 24; *(for cinema, museum)* vstupenka *f* 56

ticket office pokladna *f*

tidy uklizený

tie kravata *f*

tight těsný

tights punčocháče *mpl*

time čas *m*; **what time is it?** kolik je hodin?; **from time to time** čas od času; **on time** včas; **three/four times** třikrát/ čtyřikrát

time difference časový posun *m*

timetable *(for trains)* jízdní řád *m*;
(for planes) letový řád *m* **24**
tinfoil alobal *m*
tip spropitné *n*
tired unavený
tobacco tabák *m*
tobacconist's trafika *f*
today dnes
together spolu, dohromady
toilet toalety *fpl* **10**
toilet bag toaletní potřeby *fpl*
toilet paper toaletní papír *m*
toll dálniční poplatek *m*
tomorrow zítra; **tomorrow**
evening zítra večer; **tomorrow**
morning zítra ráno
tongue jazyk *m*
tonight dnes večer
too taky; **too bad** moc špatný;
too many příliš mnoho; **too**
much příliš mnoho
tooth zub *m*
toothbrush zubní kartáček *m*
toothpaste zubní pasta *f*
top vrchol *m*; **at the top** nahoře
torch baterka *f*
touch dotýkat se/dotknout se
tourist turista *m*/turistka *f*
tourist office turistické
informační centrum *n*
tourist trap turistická atrakce *f*
towards směrem do/na
towel ručník *m*
town město *n*
town centre centrum *n*
town hall radnice *f*
toy hračka *f*
traditional tradiční

traffic provoz *m*
traffic jam dopravní zácpa *f* **31**
train vlak *m* **29**; **the train to**
Brno vlak do Brna
train station nádraží *n*
tram tramvaj *f*
transfer *(of money)* převod *m*
(peněz)
translate překládat/přeložit
travel agency cestovní kancelář *f*
travel cestovat *(imperf)*
traveller's cheque cestovní
šek *m*
trip cesta *f*; **have a good trip!**
šťastnou cestu!
trolley vozík *m*
trousers kalhoty *mpl*
true pravda *f*
try zkoušet/zkusit; **to try to do**
something zkusit něco dělat
try on vyzkoušet si *(perf)*
Tuesday úterý *n*
tube metro *n*
tube station stanice *f* metra
turn: *(noun)* **it's your turn** řada je
na tobě *(sg)*/vás *(pl)*
turn *(verb)* otáčet se/otočit se
twice dvakrát
type *(noun)* typ *m*
type *(verb)* psát/napsat na
počítači
typical typický
tyre pneumatika

umbrella deštník *m*
uncomfortable nepohodlný

under pod *(+acc/instr)*
underground podzemní **28**
underground line metro *n*
underground station stanice *f* metra
underneath spodní
understand rozumět/porozumět *(+dat)* **11**
underwear (spodní) prádlo *n*
United Kingdom Spojené království *n*
United States Spojené státy americké *mpl*
until (až) do
upset *(person)* uražený
upstairs nahoru/nahoře
urgent naléhavý
us nás *(see grammar)*
use používat/použít; **I'm used to it** jsem na to zvyklý *m*/zvyklá *f*
useful užitečný
useless zbytečný
usually obvykle

V

vaccinated (against) očkován *m*/očkována *f* (proti *+dat*)
valid (for) platný (na *+acc*)
valley údolí *n*
VAT daň *f* z přidané hodnoty, DPH
vegetarian *(noun)* vegetarián *m*
vegetarian *(adj)* vegetariánský
very velmi
view výhled *m*
villa vila *f*
village vesnice *f*

visa vízum *n*
visit *(noun)* návštěva *f*
visit *(verb)* navštěvovat/navštívit
volleyball volejbal *m*
vomit zvracet *(imperf)*

waist pas *m*
wait čekat/počkat; **to wait for someone/something** čekat na koho/co
waiter, waitress číšník *m*, servírka *f*
wake up budit (se)/vzbudit (se)
Wales Wales *m*
walk: *(noun)* **to go for a walk** jít na procházku **67**, **68**
walk *(verb)* procházet se/projít se
walking: to go walking jít se projít
walking boots vycházková obuv *f*
Walkman® walkman *m*
wallet náprsní taška *f*
want chtít
warm teplý
warn varovat *(imperf)*
wash: *(noun)* **to have a wash** mýt se/umýt se
wash mýt/umýt; **to wash one's hair** umýt si vlasy
washbasin umyvadlo *n*
washing: to do the washing prát/vyprat
washing machine pračka *f*
washing powder prací prášek *m*

washing-up liquid prostředek *m* na mytí nádobí

wasp vosa *f*

waste plýtvat *(imperf)*; *(time)* ztrácet čas

watch *(noun)* hodinky *fpl*

watch *(verb)* dívat se/podívat se (na +*acc*); **watch out!** dávej *(sg)*/dávejte *(pl)* pozor!

water voda *f* **45**

water heater ohřívač *m* vody

waterproof vodotěsný

waterskiing vodní lyžování *n*

wave *(noun)* vlna *f*

way cesta *f*

way in vchod *m*

way out východ *m*

we my *(see grammar)*

weak slabý

wear nosit/mít na sobě

weather počasí *n*; **the weather's bad** je špatné počasí

weather forecast předpověď *f* počasí **22**

website webová stránka *f*

Wednesday středa *f*

week týden *m*

weekend víkend *m*

welcome vítat/přivítat; **welcome!** vítám tě *(sg)*/vás *(pl)*; **you're welcome** prosím

well dobře; **I'm very well** cítím se dobře; **well done** *(meat)* dobře propečený

well-known slavný, proslulý

Welsh waleský

Welshman, Welshwoman Walesan *m*/Walesanka *f*

west *(noun)* západ *m*; **in the west** na západě; **(to the) west of** na západ od (+*gen*)

west *(adj)* západní

wet mokrý

what co; **what do you want?** co chceš/chcete?

wheel kolo *n*

wheelchair kolečkové křeslo *n*

when kdy

where kam/kde; **where is/are…?** kde je/jsou…?; **where are you going?** *(on foot)* kam jdeš *(sg)*/jdete *(pl)*?; *(by car)* kam jedeš *(sg)*/jedete *(pl)*?; **where are you from?** odkud jsi *(sg)*/jste *(pl)*?

which který

while zatímco

white bílý

white wine bílé víno *n*

who kdo; **who's calling?** kdo volá?

whole celý; **the whole cake** celý koláč

whose čí

why proč

wide široký

wife žena, manželka *f*

wild divoký

wind vítr *m*

window okno *n*; **in the window** na okně

windscreen přední sklo *n*

windsurfing windsurfing *m*

wine víno *n* **45, 46**

winter zima *f*

with s (+*instr*)

withdraw zrušit *(perf)*

without bez *(+gen)*
woman žena *f*
wonderful nádherný
wood *(material)* dřevo; *(forest)*
 lesík *m*
wool vlna *f*
woollen vlněný
work *(noun)* práce *f*; **work of art**
 umělecká práce
work *(verb)* pracovat *(imperf)* **16**
world svět *m*
worse horší; **to get worse**
 zhoršovat se/zhoršit se; **it's**
 worse (than) je to horší (než)
worth: to be worth mít cenu;
 it's worth it stojí to za to
wound zranění *n*
wrist zápěstí *n*
write psát/napsat **12**, **75**
wrong špatný, mylný

XYZ

X-rays rentgen *m*

year rok *m*
yellow žlutý
yes ano
yesterday včera; **yesterday**
 evening včera večer
you ty/vy *(see grammar)*
young mladý
your tvůj/váš *(see grammar)*
yours tvůj/váš *(see grammar)*
youth hostel ubytovna *f* pro
 mládež, hostel *m*

zero nula *f*
zip zip *m*
zoo zoo *f*
zoom (lens) zoom *m*

DICTIONARY

CZECH-ENGLISH

Note: in Czech **ch** is a single letter and follows **h** in the alphabet; letters with the "hook" over the top follow the unaccented version in the alphabet, eg **č** follows **c**.

Verbs are presented in imperfective/perfective pairs, eg **dávat/dát**.

With some adverbs one needs to distinguish between the version that denotes direction (towards) and the version that denotes location or stationary position, eg "I am going upstairs (**nahoru**)" BUT "the bathroom is upstairs (**nahoře**)"; similarly, with prepositions, direction (+*acc*) or location (+*loc*) is indicated as follows: (**na** +*acc/loc*).

A

a and
ačkoli although
adaptátor *m* adaptor
adresa address
ahoj! hi!; bye!
ale but
alergický allergic
alespoň at least
alkohol *m* alcohol
alobal *m* tinfoil
ambasáda *f* embassy
americký American
Američan *m*/**Američanka** *f* American
anestesie *f* anaesthetic
anglický English
anglicky English; **mluvíte anglicky?** do you speak English?

Angličan *m*/**Angličanka** *f* Englishman/Englishwoman
angličtina *f* English
Anglie *f* England
ani ... ani... neither... nor
ano yes
antibiotika antibiotics
antikoncepce *f* contraception; **brát antikoncepci** to be on the pill
antikoncepční contraceptive
asi probably
aspirín *m* aspirin
astma *n* asthma
auto *n* car
autobus *m* bus, coach; **autobus na/z letiště** airport shuttle service
autobusová zastávka *f* bus stop
autobusové nádraží *n* bus station

balíček *m* packet
balík *m* parcel
balkón *m* balcony
banka *f* bank
bankomat *m* cashpoint
bankovka *f* banknote
bar *m* bar
barbecue *n* barbecue
barva *f* colour
baterie *f* battery
baterka *f* torch
batoh *m* rucksack
bavlna *f* cotton
během *(+gen)* during; **během týdne** during the week
benzín *m* petrol
benzínová pumpa petrol station
bez *(+gen)* without
bez daně tax-free
bezlepkový gluten-free
bezpečnost *f* safety; security
bezpečnostní pás *m* safety belt
bezpečný safe; secure
bezplatně free
bílý white; **bílé víno** white wine
bio(logický) organic
blesk *m* flash
blízko near; **blízko centra** near the city centre
bod *m* point
bok *m* hip
bolest *f* pain
bolet: bolí to it hurts; **bolí mě hlava** I have a headache; **bolí mě v krku** I have a sore throat
bonbón *m* sweet

botanická zahrada *f* botanical garden
boty *fpl* shoes
bouřka *f* storm
brada *f* chin
brána *f* gate
brát/vzít to take; **brát/nabrat plnou nádrž** to fill up with petrol
bratr *m* brother
brožura *f* brochure
brýle *fpl* glasses
brzda *f* brake
brzdit/zabrzdit to brake
brzy early, soon; **brzy nashledanou!** see you soon!
březen *m* March
budík *m* alarm clock
budit (se)/vzbudit (se) to wake up
budova *f* building
bunda *f* jacket
být be; **jsem ze Skotska** I come from Scotland
byt *m* flat
bývalý former, ex-

cédéčko *n* CD
celnice *f* customs
celý whole, entire
cena *f* price; prize; **mít cenu** to be worth (it); **to nemá cenu** it's not worth it, there's no point
centimetr *m* centimetre
centrum *n* (town) centre
cesta *f* road; way; journey; **cesta tam** outward journey

cestovat *(imperf)* to travel
cestovní kancelář f travel agency
cestovní šek m traveller's cheque
cigareta f cigarette
cigaretový papír m cigarette paper
cirkus m circus
cítit/ucítit to feel, to sense; to smell; **cítit se dobře/špatně** to feel well/ill
citlivý sensitive
cizí foreign
cizinec m/**cizinka** f foreigner
co what; **co se děje?** what's happening?; **co se stalo?** what's happened, what's the matter?; **co nejdřív** as soon as possible
Coca-cola f Coke®
cukrovka f diabetes
cyklistická stezka f cycle path

Č

čas m time; **čas od času** from time to time
časopis m magazine
časový posun m time difference
část f part
často often
Čech m/**Češka** f Czech
čekat/počkat (na někoho) to wait (for someone)
čelo n forehead
černý black
čerpací stanice f petrol station
červen m June
červenec m July

červený red; **červené víno** red wine
český Czech
čestný honest
čí whose
číslo n number
číst/přečíst to read
čistírna f dry cleaner's
čistit/vyčistit to clean
čistý clean
číšník m waiter
člen m/**členka** f member
čočka f lens
čočky fpl lenses
čokoláda f chocolate
čtvrť f district
čtvrt f quarter; **čtvrt hodiny** a quarter of an hour; **tři čtvrtě na deset** a quarter to ten
čtvrtek m Thursday
čurat/vyčurat se to pee

D

daleko far; **daleko od** *(+gen)* far from
dalekohled m binoculars
dálnice f motorway
dálniční poplatek m toll
dámy ladies, ladies' toilet
daň f **z přidané hodnoty** VAT
dárek m present
dárkové balení n gift wrap
datum n date
dávat/dát to give; to put
dcera f daughter
debitní karta f debit card
deklarovat to declare

děkovat/poděkovat thank;
  děkuji thank you; **mockrát**
  děkuji thank you very much

dělat/udělat to make, to do

dělit/rozdělit (se) to share

den *m* day

deodorant *m* deodorant

déšť *m* rain

deštník *m* umbrella

děti *fpl* children

dezert *m* dessert

dezinfikovat/vydezinfikovat to
  disinfect

diabetik *m* diabetic

diesel *m* diesel

dieta *f* diet; **držet dietu** to be on
  a diet

digitální fotoaparát *m* digital
  camera

díky thanks; **díky** *(+dat)* thanks
  to

disko(téka) *f* disco

dispozice: k dispozici available

dít se: co se děje? what's
  happening?

dítě *n* child

divadlo *n* theatre

dívat se/podívat se (na *+acc***)**
  to look at, to watch

dívka *f* girl

divný strange

divoký wild

dlouho a long time; **jak**
  dlouho ...? how long …?

dlouhý long

dlužit *(imperf)* to owe

dnes today; nowadays; **dnes**
  večer tonight

dnešní: v dnešní době
  nowadays

dno *n* bottom; **do dna!** bottoms up!

do (až do) *(+gen)* until, into

doba *f* period (of time)

dobrý good; **dobrý den** hello;
  dobré ráno good morning;
  dobrý večer good evening;
  dobrou noc goodnight; **dobrou**
  chuť! enjoy your meal!

dobře well

docela quite; **docela dost** *(+gen)*
  quite a lot of

dočasný temporary

dodatečný extra

dohromady altogether

dojít: došel mi benzín I have run
  out of petrol

doklady *mpl* identity papers

dole/dolů downstairs

doma at home; **jít domů** to go home

domácí práce *f* housework

domov *m* home

dopis *m* letter

dopisní schránka *f* letterbox

doporučený (dopis *m***)** registered
  (letter)

doporučovat/doporučit to
  recommend

dopravní zácpa *f* traffic jam

dost enough

dostávat/dostat to get, to receive

dotýkat se/dotknout se to touch

doutník *m* cigar

dovolená *f* holiday; **na dovolené**
  on holiday

drahý dear; expensive

drobné *mpl* small change

drogy *fpl* drugs
druhý second; **druhá třída** second class; **z druhé ruky** second-hand
držet/podržet to hold
dřevo *n* wood *(material)*
dřez *m* (kitchen) sink
dřív(e) before, earlier, sooner
duben *m* April
důležitý important
dům *m* house
dvakrát twice
dveře *fpl* door
džus *m* juice; **pomerančový džus** orange juice

fax *m* fax
festival *m* festival
fialový purple
film *m* movie; film *(for camera)*; **dát si vyvolat film** to get a film developed
forma *f* shape
fotbal *m* soccer
fotit/vyfotit to photograph
fotka *f*, **fotografie** *f* photo
fotoaparát *m* camera
Francie *f* France
fronta *f* queue; **stát frontu** to queue

elektrický electric
elektroinstalatér *m* electrician
elektroměr *m* electricity meter
elektřina *f* electricity
e-mail *m* e-mail
e-mailová adresa *f* e-mail address
epileptický epileptic
euro *n* euro
eurošek *m* Eurocheque
Evropa *f* Europe
evropský European
expresní express
expreso *n* espresso

galerie *f* gallery
garáž *f* garage
gáza *f* gauze
golf *m* golf
golfové hřiště *n* golf course
gram *m* gram
gynekolog *m* gynaecologist

H

hasiči *mpl* fire brigade
hašiš *m* hashish
havarijní pojištění *n* comprehensive insurance
havarijní služba *f* breakdown service
házet/hodit to throw
hemoroidy *mpl* piles
hi-fi hi-fi
hlad hunger; **mít hlad** to be hungry
hlad *m* hunger

F

fakt *m* fact; **fakt!** really!; **fakt?** really?
fakturovat *(imperf)* to charge, to invoice
fanoušek *m* fan

hlasitě loud, loudly

hláskovat *(imperf)* to spell

hlava *f* head

hlavní main; **hlavní jídlo** main course

hledat *(imperf)* to look for

hluboký deep

hlučný noisy

hluchý deaf

hluk *m* noise

hmyz *m* insect

hned right away, immediately

hnědý brown

ho him

hodina *f* hour; **hodinu a půl** an hour and a half

hodinky *fpl* watch

hodně (+gen) lot, a lot (of)

Holandsko *n* Holland

holicí strojek *m* razor; **elektrický holicí strojek** electric shaver

holič *m* (men's) hairdresser, barber's

holit se/oholit se to shave

homosexuál *m* homosexual

homosexuální homosexual

hora *f* mountain

horečka *f* fever; **mít horečku** to have a fever

horká čokoláda *f* hot chocolate

horký hot; **horký nápoj** hot drink; **je horko** it's hot

horolezectví *n* (rock) climbing

horská chata *f* mountain hut

horská turistika *f* hill-walking

horské kolo *n* mountain bike

horší worse

hoří! fire!

host *m* guest

hostel *m* youth hostel

hotel *m* hotel

hotovost *f* cash; **platit v hotovosti** to pay cash

houba *f* sponge

hovor *m* (telephone) call

hra *f* game; play

hračka *f* toy

hrad *m* castle

hrát/zahrát si to play

hrnec *m* saucepan; pot

hrozný terrible

hruď *f* chest, breast

hřbitov *m* cemetery

hřeben *m* comb

hřiště *n* sports ground, field

hubený thin

hudba *f* music

hůlka *f* ski stick

hydratační krém *m* moisturizer

CH

chladný cool, chilled; **je chladno** it's cool

chléb *m* bread

chodit/jít to go, to walk

chrám temple

chránit/ochránit to protect

chřipka *f* flu

chtít to want; **chci číst** I want to read; **chtěl** *(m)*/**chtěla** *(f)* **bych pivo** I'd like a beer

chudý poor

chuť *f* taste; appetite

chutnat *(imperf)* to taste good

chvíle *f* moment, while; **v tuto chvíli** at the moment

chyba f mistake; **udělat chybu** to make a mistake
chytat/chytit to catch

I

igelitová taška plastic bag, carrier bag
infarkt m heart attack
infekce f infection
informace f information
injekce f injection
inlajny fpl rollerblades
instalatér m plumber
instantní káva f instant coffee
internet m Internet
internetová kavárna f Internet café
invalidní disabled, handicapped
Ir m/**Irka** f Irishman/Irishwoman
Irsko n Ireland
irský Irish
Itálie f Italy
izolepa f Sellotape®

J

já I
jak how; **jak se máš/máte?** how are you?
jakmile as soon as
jako like, as; **tak jako** as well as
jaký m, **jaká** f, **jaké** n...? what kind of...?
jaro n spring
jasný obvious, clear
játra npl liver
jazyk m language; tongue

je to..., to je... this is..., that is... it is...; **je to krásné** it's beautiful
jeden m, **jedna** f, **jedno** n one; **jeden z nás** one of us
jedno: je mi to jedno I don't mind, it's all the same to me
jednou once; **jednou denně/za hodinu** once a day/an hour
jeho his; him
její hers
jejich their; theirs
jemu him
jen just, only; **jen trochu** just a little; **jen jeden** just one; **pro případ (potřeby)** just in case
jestliže if
ještě still; **ještě jednou** same again; **ještě ne** not yet
jezdit/jet to travel; **jezdit/jet stopem** to hitchhike
jezero n lake
ji/jí her
jídelní lístek m menu
jídlo n food; meal; dish, course; **hlavní jídlo** main course
jih m south; **na jihu** in the south; **na jih od** (+gen) to the south of
jim, jich them
jinak otherwise
jiný another, other
jíst/najíst se to eat
jistě certainly, of course
jistý sure, certain
jít to go; **jít s** (+instr) to go with; **jít ven** to go out; **jít na procházku** to go for a walk; **jít pro někoho/ něco** to go and fetch someone/ something

jízdenka f **(tam)** (single) ticket
jízdní řád m timetable
jižní south, southern
jméno n (first) name
jmenovat name; **jmenovat se** to be called; **jmenuji se…** my name is…
jogging m jogging

K

kabelka f handbag
kadeřník m (women's) hairdresser
kachna f duck
kajak m kayak
kalhoty mpl trousers
kam where
kámen m stone
kanál m TV channel; drain, canal
kapesník m handkerchief
kapky fpl drops
kaple f chapel
karafa f jug, carafe
karavan m caravan
karta f card
kartáč m brush
kartáček m **(zubní)** toothbrush
kašel m cough; **mít kašel** to have a cough
kašlat (imperf) to cough
katastrofa f disaster
katedrála f cathedral
kauce f deposit
káva f coffee
kavárna f café
kazit/zkazit to spoil, to ruin
každý everybody, everyone
kde where

kdo who; **kdo volá?** who's calling?
kdy when
kemp m campsite
kempování n camping
kempovat (imperf) to go camping
kilometr m kilometre
kino n cinema
klášter m monastery
klenotnictví n jeweller's
klíč m key
klidný quiet, calm
klima n climate
klimatizace f air conditioning
klobouk m hat
kniha f book
knihkupectví n bookshop
knihovna f library
koberec m carpet
kobereček m rug
kocovina f hangover
kočárek m pram; pushchair
kohoutek m tap
kojenecká láhev f baby's bottle
koláč m (fruit) pie, cake
kolečkové křeslo n wheelchair
kolem around
koleno n knee
kolik how much, how many; **kolik je ti/vám let?** how old are you?
kolík m **(stanový)** tent peg
kolo n bicycle; wheel
koloniál m grocer's
komár m mosquito
komín m chimney
koncert m concert
koncertní síň f concert hall
končit/skončit to finish
kondom m condom

konec m end
konečně finally
konsulát m consulate
kontakt m contact
kontaktní čočky fpl contact lenses
kontaktovat/zkontaktovat to contact
kontrolovat/zkontrolovat to check, to inspect
konzerva f can (n)
kopaná f football, soccer
kopec m hill
kopeček scoop; **jeden kopeček/ dva kopečky** one/two scoop(s)
kořeněný spicy
koření n spice
kostel m church
kostka f ledu ice cube
koš m (na smetí, na odpadky) (rubbish) bin
košile f shirt
kotník m ankle
koupat se/vykoupat se to take a bath
koupat: jít se koupat to go for a swim
koupel f bath
koupelna f bathroom
kouřit/zakouřit si to smoke
kousek m bit, piece
kousnout (perf) to bite
kousnutí n bite
krádež f theft
kraj m area; **v kraji** in the area
krájený sliced
krajina f landscape; scenery
krásný beautiful
krátký short

kravata f tie
kreditní karta f credit card
krém m na holení shaving cream
krém m na opalování sun cream
krém m po opalování aftersun cream
krev f blood
krevní tlak m blood pressure
krk m neck; throat; **bolí mě v krku** I have a sore throat
krok m step
kromě (+gen) except
kruhový objezd m roundabout
kruhový round
krvácet (imperf) to bleed
krvavý rare (meat)
křehký fragile
křičet (imperf) to shout
kříž m cross
křižovatka f intersection, crossing
který which; who; **ten pán, který ...** the man who ...
kuchyně f kitchen
kufr m suitcase; (car) boot
kůň m horse
kupovat/koupit to buy
kuřák m/**kuřačka** f smoker
kus piece; item; **za kus** per item
kůže f skin
kvalita f quality
kvalitní of good quality
květen m May
kvůli (+dat) because of, for the sake of
kyvadlová doprava f shuttle service

laciný cheap
láhev f bottle; **láhev vína** a bottle of wine
lahůdky fpl deli
lampa f lamp
led m ice
leden m January
lednička f fridge
ledvina f kidney
lehký light
lék m medicine
lékárna f chemist's
lékař m/**lékařka** f doctor
lepší better
les m forest
lesík m wood, small forest
let m flight
letadlo n aeroplane
létat/letět to fly
letecká pošta f airmail
letecká společnost f airline
letenka f air ticket
letiště n airport
léto n summer
letový řád m timetable
leukoplast f sticking plaster
levný cheap
levý left
líbit se to like; **to se mi líbí** I like it
libra f pound (sterling)
lidé mpl people
líh m spirit; **čistý líh** surgical spirit
linka f line
list m sheet of paper

lístek m **(se slevou)** (discounted) ticket
listonoš m postman
listopad m November
líto: je mi (to) líto (I'm) sorry
litr m litre
loď f boat, ship
loni last year
loupat/oloupat to peel
luxus m luxury
luxusní luxury
lyžařské boty fpl ski boots
lyžařské středisko n ski resort
lyže fpl skis
lyžování f skiing
lyžovat to ski; **jít /jet lyžovat** to go skiing
lžíce f spoon
lžička (čajová) f teaspoon

majitel m owner
malířství n painting
malý little, small
manažer m manager
manžel m husband
manželka f wife
mapa f map
mast f ointment
materiál m material
matka f mother
matrace f mattress
mě/mně me
měna f currency
méně less; **méně než** less than
měnit/vyměnit to change
menstruace f periods

měsíc *m* month; moon
město *n* city; town
metr *m* meter
metro *n* tube, metro
mezi *(+acc/instr)* among; *(+instr)* between
mezinárodní international
mezinárodní platební příkaz *m* international money order
mikrovlnná trouba *f* microwave
milovat *(imperf)* to love
miminko *n* baby
mimo outside of, past, by; **mimo provoz** out of order
míň *see* **méně**
mince *f* coin
minerální voda *f* mineral water
ministr *m* minister
minulý previous, last; **minulý týden** last week
minuta *f* minute
mísa *f*, **miska** *f* bowl
místní čas *m* local time
místnost *f* room
místo *n* place; seat
mít *(imperf)* **bolesti** to be in pain
mít *(imperf)* to have; **mít rád** *m*/**ráda** *f (person, activity)* to like; **mít (toho) dost** to be fed up with (something);
mladý young
mluvit *(imperf)* to speak
mobil *m* mobile (phone)
moc very, too
moci can, to be able to; **nemůžu** I can't; **mohl bych** I could
moderní modern
modrý blue

mokrý wet
moped *m* moped
Morava *f* Moravia
Moravan *m*/**Moravanka** *f* Moravian
moravský Moravian
moře *n* sea
most *m* bridge
motor *m* engine
motorka *f* motorbike
moucha *f* fly
možná maybe
možný possible
mrakodrap *m* skyscraper
mravenec *m* ant
mraznička *f* freezer
mrtvý dead
mše *f* Mass
mu him
můj my; mine
muset to have to; **musím jít** I have to go
muzeum *n* museum
muž *m* man; **muži** men; gents' (toilet)
my we
myčka *f* **nádobí** dishwasher
mýdlo *n* soap
mylný wrong, erroneous
myslet (si) *(imperf)* to think
myš *f* mouse
mýt/umýt to wash; **mýt se/umýt se** to have a wash

na *(+acc/loc)* on
naběračka *f* ladle

nabídka f offer; **nabídka dne** today's special

nabídnout/nabízet to offer

nádherný wonderful

nádobí n dishes; **mýt/umýt nádobí** to do the dishes

nádraží n train station

nádrž: brát/nabrat plnou nádrž to fill up with petrol

nadváha f excess

náhodou random; at random

nahoru/nahoře upstairs

nahoře at the top; above

náhradní díl m spare part

náhradní kolo m spare tyre, spare wheel

nahý naked

nacházet/najít to find

nachlazený: být nachlazený to have a cold

nájemné m rent (n)

nakažlivý contagious

nákladní auto n lorry

nákup m shopping

nákupní středisko n shopping centre

nakupovat to do the shopping, to go shopping

nálada: mít dobrou/špatnou náladu to be in a good/bad mood

naléhavý urgent; **naléhavý případ** emergency

nalevo od (+gen) to the left of

náměstí n square

namísto (+gen) instead of

napadat/napadnout to attack

náplast f Elastoplast®

nápoj m drink

napravo od (+gen) to the right of

naproti (+dat) opposite

náprsní taška f wallet

náraz m bump

narazit (perf) to impact

nárazník m bumper

narození: datum n **narození** date of birth

narozeniny fpl anniversary; birthday

nás us

nashledanou goodbye; **zatím nashledanou** see you later!

nástup m **(do letadla)** boarding

nástupiště n (railway) platform

náš our; ours

náušnice fpl earrings

navrhovat/navrhnout to propose, to suggest

návštěva f visit

navštěvovat/navštívit to visit

názor m opinion; **podle mého názoru** in my opinion

naživu alive

ne no; **nevím** I don't know; **není** it isn't

nebe n sky

nebezpečný dangerous

nebo or

něco something; **něco jiného** something else

neděle f Sunday

nehet m fingernail; toenail

nehoda f accident

nechávat/nechat to let; to leave; to have (something done); **nechat si** to keep, to retain

nějaký some

nejbližší nearest

nejdřív first (of all)

nejlépe the best; **co nejlépe** as well as possible

nejlepší best

nejmenší least

nejvíc(e) most

někde somewhere; **někde jinde** somewhere else

někdo somebody

někdy sometimes

několik several, a few

některý some; **někteří lidé** some people

nekuřák *m* non-smoker

Německo *n* Germany

nemoc *f* illness

nemocnice *f* hospital

nemocný ill

nenávidět *(imperf)* to hate

neperlivá voda *f* still water

nepohodlný uncomfortable

nepokládejte! hold on! *(on the phone)*

nervózní nervous

nesmělý shy

nespavost *f* insomnia

nevolno: je mi nevolno I don't feel well; I feel sick

nezávislý independent

nic nothing

nikde nowhere

nikdo nobody

nikdy never

nízkotučný low-fat

nízký low; **nízký krevní tlak** *m* low blood pressure

Nizozemsko *n* Netherlands

noc *f* night

noční klub *m* nightclub

noční košile *f* nightdress

noha *f* foot; leg

nos *m* nose

nosit/nést to carry

nouze: v nouzi in an emergency

nouzový východ *m* emergency exit

novinový stánek *m* newsstand

noviny *fpl* newspaper

nový new

Nový rok *m* New Year

nula *f* zero

nutný necessary

nůž *m* knife

nůžky *fpl* scissors

nyní now

O

o *(+loc)* about, around, concerning

oba *mpl*, **obě** *f/npl* both

obálka *f* envelope

obecný general

oběd *m* lunch

obědvat/naobědvat se to have lunch

obchod *m* shop

obchodní dům *m* department store

obchodník *m* shopkeeper; businessman

objednávat/objednat to order

objednávka *f* order

oblečení *n* clothes

oblékání *n* getting dressed, dressing

oblékat se/obléknout se to get dressed

oblíbený favourite
obličej m face
obsazený engaged; occupied
obvaz m bandage
obvodní/praktický lékař m GP
obvykle usually
obývací pokoj m living room
oči fpl eyes
očkován m/**očkována** f (**proti** +dat) vaccinated (against)
od (+gen) since, from; **od... do...** (+gen) from… to…
oddělení n compartment; department
oddělený separate
odesílatel m sender
odchazet/odejít to go away (on foot)
odjezd m departure
odjíždět/odjet to leave, to go away
odkud from where; **odkud jste?** where are you from?
odlet m departure
odlišný different
odmítat/odmítnout to refuse
odpadky mpl rubbish; **vynést odpadky** to take the rubbish out
odpočívat/odpočinout si to rest
odpoledne n afternoon
odpověď f answer
odpovídat/odpovědět to answer
odstranit to remove
odsud from here, away; **10 kilometrů odsud** 10 kilometres away
odtáhnout (perf) to tow away
oheň m fire; light
ohňostroj m fireworks

ohřívač m **vody** water heater
ok OK
okno n window; **na okně** in the window
oko n eye
okrádat/okrást (perf) to rob
olej m oil
omdlít to have a blackout, to faint
omlouvat se/omluvit se to apologize
omluva f excuse
on m/**ona** f he/she
onemocnět (perf) to fall ill
oni they
opačný opposite
opak m opposite, reverse
opakovat/zopakovat to repeat
opálený tanned
opalovat se/opálit se to get a tan
opatství n abbey
operovat: být operován to have an operation
opilý drunk
opožděno delayed
opravovat/opravit to repair
optik m optician
organizovaný zájezd m package holiday
organizovat/zorganizovat to organize
orchestr m orchestra
orientační bod m landmark
orientační smysl m sense of direction
osoba f person
osobní věci fpl (personal) belongings
osolený salted

ospalý: být ospalý to be sleepy
ostatní remaining, other
ostrov *m* island
ostuda *f* shame
osuška *f* bath towel
otáčet se/otočit se to turn round
otázka *f* question
otec *m* father
oteklý swollen
otevírat/otevřít to open
otevřený open *(adj)*; **otevřeno dlouho do noci** late-night opening
otrava *f* **ze zkažených potravin** food poisoning
otvírač *m* **lahví** bottle opener; **otvírač na konzervy** can opener

pacient *m* patient
padat/upadnout to fall
padnout: padne vám to? does that suit you?
páchnout to smell (unpleasant)
palác *m* palace
pálit/spálit to burn *(v)*; **spálit se** to burn oneself; to get sunburnt
pálivý hot, spicy
paluba *f* board
památka *f* monument
pan *m* Mr
pánev *f* frying pan
paní *f* Mrs
páni gentlemen
papír *m* paper
papírový kapesník *m* paper tissue

papírový ubrousek *m* paper napkin
pár *m* pair
parfém *m* perfume
park *m* park
parkometr *m* parking meter
parkovat/zaparkovat to park
parkoviště *n* car park; parking space
pas *m* passport; waist
pasažér *m* passenger
pátek *m* Friday
patro *n* storey
pavouk *m* spider
paže *f* arm
péci/upéci to bake
pekárna *f*, **pekařství** *n* baker's
pěkný nice
pěna *f* **na holení** shaving foam
peněženka *f* purse
peníze *mpl* money
perfektní perfect
perlivý fizzy
pero *n* pen
pěší pedestrian; **pěší zóna** pedestrianized zone; **pěší turistika** hiking
píchnout *(perf)* to sting; **píchla mě vosa** I was stung by a wasp
piknik *m* picnic; **dělat/udělat si piknik** to have a picnic
písek *m* sand
píseň *f*, **písnička** *f* song
pít/napít se to drink
pitná voda drinking water
pivo *n* beer; **velké pivo** a half-pint
plakát *m* poster
plakat to cry

plán *m* plan
plastikový plastic
plášť *m* coat; **nepromokavý plášť** raincoat
plátek *m* slice
platit/zaplatit to pay
platnost do expiry date
platný (**na** +*acc*) valid (for)
plavání *n* swimming
plavat/zaplavat si to swim
plavky *fpl* swimming trunks, swimming costume
pláž *f* beach
plenka *f* nappy
pleť *f* skin, complexion
plíce *f* lung
plná cena *f* full fare, full price
plná penze *f* full board
plnit/naplnit to fill
plný (+*gen*) full (of)
plody *mpl* **moře** seafood, shellfish
plochý flat *(adj)*
plomba *f* filling
plotýnka *f* (**elektrická**) hotplate
plovárna *f* swimming pool
plyn *m* gas
plynová bomba *f* gas cylinder
plynový vařič *m* camping stove
plýtvat *(imperf)* to waste
pneumatika *f* tyre
po (+*loc*) after
pobyt *m* stay
pocit *m* feeling
počasí *n* weather; **je špatné počasí** the weather's bad
počítač *m* computer
počítat/spočítat to count
pod (+*acc/instr*) below, under

podařit se to succeed, to manage
podávat/podat to check in
podepisovat/podepsat to sign
podlaha floor; **na podlaze** on the floor
podobat se (+*dat*) to look like
podprsenka *f* bra
podvod *m* rip-off, swindle
podzemní underground
podzim *m* autumn
pohlaví *n* sex
pohlednice *f* postcard
pohodlný comfortable
pocházet (**z** +*gen*) to date (from), to originate (from)
pojistka *f* fuse
pojištění *n* insurance
pokladna *f* ticket office, box office, till
pokuta *f* fine
poledne *n* midday, noon
policejní stanice *f* police station
policie *f* police
policista *m*/**policistka** *f* policeman/policewoman
polopenze *f* half-board
polovina *f* half
polštář *m* pillow
pomáhat/pomoci to help
pomalu slowly
pomalý slow
pomeranč *m* orange
pomoc *f* help; **přivolat pomoc** to call for help; **pomoc!** help!
pondělí *n* Monday
ponožky *fpl* socks
popelník *m* ashtray
poplatek *m* tax; charge, fee

portrét m portrait

Portugalsko n Portugal

porucha f breakdown; **mít poruchu** to break down

posadit se (perf) to sit down

poschodí n storey, floor

posílat/poslat to send

poslední last, final; **na poslední chvíli** at the last minute

poslouchat/poslechnout (si) (+acc) to listen

pospíšit si (perf) to hurry (up)

postel f bed

postinor m morning-after pill

postříbřený silver-plated

poškozený damaged

pošta f post; post office; **poslat poštou** to mail

poštovní schránka f postbox

poštovní směrovací číslo n postcode

pot m sweat

potit se/zpotit se to sweat

potkávat/potkat to meet

potřebovat (imperf) to need

potvrzovat/potvrdit to confirm

pouť f funfair

použití: na jedno použití disposable

používat/použít (**na** +acc) to use (for)

povídat (si) (imperf) to talk, to chat

povlak m **na polštář** pillowcase

povlečení n sheet

povolání n profession

pozdě late

pozítří the day after tomorrow

poznámka f note

poznámkový sešit m notebook

poznávat/poznat to recognize

pozor m attention; **dávej/dávejte pozor!** watch out!

práce f job; work; **mít hodně práce** to be busy

prací prášek m washing powder

pracovat (imperf) to work

pračka f washing machine

prádelna (americká) f launderette

prádlo n linen, washing

praktický practical

prášek m pill; **prášek na spaní** sleeping pill

prášek m powder

prát/vyprat to do the washing

pravda f truth; **máš/máte pravdu** you're right

pravděpodobně probably

právě just; **právě jsem přijel/ přijela** I've just arrived

právník m lawyer

právo n right; **mít právo...** to have the right to…

prázdniny fpl school holidays

prázdný empty; **prázdné kolo** flat tyre

pro (+acc) for

problém m problem

procento n percent; **padesát procent** fifty percent

procesí n procession

proč why

prodavač m/**prodavačka** f shop assistant; **prodavač novin** newsagent

prodávat/prodat to sell

prodej: na prodej for sale

profese *f* profession

program *m* programme

prohlášení *n* statement

prohlídka *f* **s průvodcem** guided tour

procházet se/projít se to walk

procházet/projít *(+instr)* to pass

procházka *n* walk, stroll; **jít na procházku** to go for a walk

projet se autem to go for a drive

promiň!/promiňte! (I'm) sorry

pronájem *m* letting, renting; **k pronajmutí** "to let"

pronajímat (si)/pronajmout (si) to rent, to hire out

proplatit: dát si proplatit (výlohy) to get a refund

prosím please; you're welcome

prosím? pardon?

prosinec *m* December

proslulý famous

prospekt *m* leaflet

prostředek *m* **na hubení hmyzu** insecticide

prostředek *m* **na mytí nádobí** washing-up liquid

prostřední middle; average

proti *(+dat)* against

protilehlý facing, opposite

proto therefore

protože because

provoz *m* traffic; **mimo provoz** out of order

prst *m* finger

pršet to rain; **prší** it's raining; **mohlo by pršet** it might rain

průjem: mít průjem to have diarrhoea

průkaz *m* **totožnosti** identity card

průkazka *f* pass

průvodce *m* guide; guidebook

první first; **první patro** first floor; **první třída** first class

přece still, nevertheless, anyway

před *(+instr)* in front of; before; **před tím, než odjedu** before I leave

předčíslí *n* dialling code

předem in advance

předevčírem the day before yesterday

předchozí previous

předměstí *n* suburb

přední forward; front; **přední sklo** windscreen

přednost priority; **dávat/dát přednost** *(+dat)* to prefer

předpis *m* recipe; prescription; regulation

předpověď *f* **počasí** weather forecast

představení *n* show

přehled *m* **kulturních pořadů** listings magazine

přecházet/přejít to cross

překládat/přeložit to translate

překvapení *n* surprise

překvapovat/překvapit to surprise

přemýšlet *(o +loc)* to think about

přenosný počítač *m* laptop

přes *(+acc)* across

přestávat/přestat to stop

převlékat se/převléknout se to get changed, to change one's clothes

převod *m* **(peněz)** transfer

převodovka *f* gearbox
přicházet/přijít to arrive, to come *(on foot)*
příchod *m* arrival *(of person)*
příchuť *f* flavour
příjezd *m* arrival *(of vehicle)*
přijímat/přijmout to accept, to receive
přijíždět/přijet to arrive, to come *(in vehicle)*
příjmení *n* surname
přikrývat/přikrýt to cover
přikrývka *f* blanket, cover
přilba *f* helmet
přílet *m* arrival *(of plane)*
přilétat/přiletět to arrive *(by plane)*
příležitost *f* opportunity
příliš too
přímý direct
přinášet/přinést to bring
případ case; **v případě...** *(+gen)* in case of...; **v každém případě** anyway
příplatek *m* supplement
připomínat/připomenout to remind
připravený ready
připravovat/připravit to prepare
příroda *f* nature
příruční zavazadlo *n* hand luggage
přístav *m* port
přístup *m* access
příští next
přítel *m*/**přítelkyně** *f* friend
přízemí *n* ground floor
psát/napsat to write; **psát/napsat na počítači** to type
PSČ postcode

ptát se/zeptat se (**na** +*acc*) to inquire, to ask
puchýř *m* blister
půjčovat si/půjčit si to borrow; to hire
půjčovat/půjčit to lend
půjčovna *f* rental company; **půjčovna aut** "car hire"
půl: půl litru/kila half a litre/kilo
půlhodina *f* half an hour
půlnoc *f* midnight
pumpička *f* bicycle pump
punčocháče *mpl* tights
pupínek *m* spot
pusa *f* mouth; kiss
pyšný (**na** +*acc*) proud (of)
pyžamo *n* pyjamas

R

rada *f* advice; **žádat/požádat koho o radu** to ask someone's advice
radiátor *m* radiator
rádio *n* radio
radit/poradit to advise
radnice *f* town hall
radost *f* pleasure; **s radostí** with pleasure
raketa *f* racket
rameno *n* shoulder
ramínko *n* coathanger
rámus *m* noise, din
rande *n* date
ráno *n* morning
rasistický racist
recepce *f* reception; **na recepci** at reception

recepční *mf* receptionist
recept *m* recipe
reflektor *m* headlight
registrace *f* check-in
registrovaný registered
rentgen *m* X-rays
réservé reserved
restaurace *f* restaurant
ret *m* lip
revmatismus *m* rheumatism
rezervní spare
rezervovat/zarezervovat (si) to reserve, to book
riskovat to risk
riziko *n* risk
roční období *n* season
rodiče *mpl* parents
rodina *f* family
rodinný penzión *m* guest house
rodné příjmení *n* maiden name
rok *m* year
román *m* novel
rostlina *f* plant
rozbít *(perf)* to splinter
rozdělovat/rozdělit to split up, to separate; to divide
rozhlas *m* radio
rozhlasová stanice *f* radio station
rozměnit (bankovku) to change
rozsvěcovat/rozsvítit to switch on *(light)*
rozumět/porozumět *(+dat)* to understand
rozumný reasonable
rozvaliny *fpl* ruins
ručně vyráběný hand-made
ruční brzda *f* handbrake
ručník *m* towel

ruka *f* hand; arm
rukáv *m* sleeve; **s krátkým rukávem** short-sleeved
růst/vyrůst to grow, to grow up
rusý auburn, red
rušit/vyrušit to disturb; **nerušit** do not disturb
rušit/zrušit to cancel
růžové víno *n* rosé wine
růžový pink
rvačka *f* fight
ryba *f* fish
rybárna *f* fish shop
rychlé občerstvení *n* fast-food restaurant
rychle quickly
rychlost *f* speed; **plnou rychlostí** at full speed
rychlý fast

Ř

řád: jízdní/letový řád timetable
řada: řada je na tobě/vás it's your turn
Řecko *n* Greece
řeka *f* river
řezat/uříznout to cut
řeznictví *n* butcher's
řidič *m* **taxi** taxi driver
řidičský průkaz *m* driving licence
řídit *(imperf)* to drive; to manage, to run
říjen *m* October
říkat/říci to tell, to say; **jak se řekne… ?** how do you say… ?
říznout se to cut oneself

s (+instr) with
s sebou takeaway
sako n jacket
sám m/**sama** f oneself
samozřejmě obviously, of course
sandály mpl sandals
sanitka f ambulance
sbírka f collection
sebevědomí n self-confidence
sedačková lanovka f chairlift
sedadlo m seat
sedat si/sednout si to sit down
senná rýma f hay fever
servírka f waitress
sestra f sister; **zdravotní sestra** nurse
sever m north; **na severu** in the north; **na sever** (**od** +gen) (to the) north of
severní north
scházet: schází (mi) dva... there are two (of my) … missing
schnout/uschnout to get dry, to dry out
schodiště n stairs
schody mpl stairs
schopen: být schopen (+gen) to be able to
schůze f meeting
schůzka f meeting, appointment
schválně on purpose
signál m signal
silnice f road
silný strong
sirup m syrup
skála f rock

sklenice f glass; jar
sklenička f glass; **slenička vody/vína** glass of water/of wine; **jít na skleničku**; to go for a drink; **dát si skleničku** to have a drink
Skot m/**Skotka** f Scot
skotská whisky f scotch
Skotsko n Scotland
skotský Scottish
skutečnost f reality
skútr m scooter
skvrna f stain, spot
slabý weak, faint
sladký sweet
slaný salty
slavný well-known
slečna f Miss
slepý blind
sleva f discount; **prodat se slevou** to give someone a discount
slib m promise
Slovák m/**Slovenka** f Slovak
Slovensko n Slovakia
slovenský Slovak
slunce n sun; **na slunci** in the sun
sluneční brýle fpl sunglasses
sluneční klobouk m sunhat
slunečník m beach umbrella
slunit se to sunbathe
služba f service; favour; **prokázat komu službu** to do someone a favour
slyšet/uslyšet to hear
smažený fried
smažit/usmažit to fry
směna f exchange
směnit (perf) to exchange

směnový kurz *m* exchange rate

směr *m* direction

směrem do/na towards

smích *m* laugh

smutný sad

smysl *m* sense; **smysl pro humor** sense of humour

snad perhaps

snadný easy

snášet/snést to put up with

sněžit *(imperf)* to snow

snídaně *f* breakfast

snídat/nasnídat se to have breakfast

sníh *m* snow

snižovat/snížit to reduce

snoubenec *m*/**snoubenka** *f* fiancé, fiancée

sobota *f* Saturday

solený salted

součást: být součástí *(+gen)* to be a part of

soukromý private

soused *m*/**sousedka** *f* neighbour

spací pytel *m* sleeping bag

spálenina *f* burn

spánek *m* sleep

spát/vyspat se to sleep; **spát s** *(+instr)* to sleep with

specialita *f* speciality

spěchat *(imperf)* to hurry, to be in a hurry

spíš rather

spodky *mpl* underpants

spodní prádlo *m* underwear

spoj *m*, **spojení** *n* connection

Spojené království *n* United Kingdom

Spojené státy americké *mpl* United States

spojit: spojit se s to be in contact with

spojka *f* clutch

společnost *f* company

spolu together

sport *m* sport

sportovně založený sporty

správný right, correct

sprcha *f* shower

sprchovat se/osprchovat se to take a shower

sprchový gel *m* shower gel

spropitné *n* tip, gratuity

SPZ registration number

srazit *(perf)* to knock down

srdce *n* heart

srpen *m* August

stačit to be enough

stadión *m* stadium

stáhnout *(perf)* to pull off; to strip off

stále rovně straight ahead, straight on

stan *m* tent

stanice *f* station, stop; **stanice** *f* **metra** tube station

stanová podlážka *f* groundsheet

starat se/postarat se (**o** *+acc*) to look after

Staré město *n* Old Town

start *m* take-off; kick-off, start

startovat/nastartovat to start

starý old; **starší lidé** old people

stát *(imperf)* to cost, to be worth; **stojí to...** it costs...

stát *m* state, country

stát se: co se stalo? what's happened?

státní poznávací značka f registration number

státní svátek m national holiday

stav m state, condition

stávat se/stát se to happen, to occur

stavba f building, construction

stavět/postavit to build

stehno n thigh

stejný same

stezka f path

stěžovat si (na +acc) (imperf) to complain

stín m shade, shadow; **ve stínu** in the shade

století n century

stopovat (imperf) to hitchhike

strach: mít strach (z +gen) to be scared (of)

strana f side

strkat/strčit (do +gen) to push (someone)

strýc m uncle

středa f Wednesday

střední medium

střední škola f secondary school

střevní chřipka f gastric flu

stříbro n silver

stříhat/ustříhnout to cut, to trim

student m/**studentka** f student

studený chilly; cold

studium n studies

studovat/vystudovat to study; **studovat biologii** to study biology

stůl m table

stupeň m degree

stvrzenka f receipt

styl m style

suchý dry

sukně f skirt

sůl m salt

super four-star petrol

super! great! brilliant!

supermarket m supermarket

surf m surf

surfovací prkno n surfboard

surfování n surfing

surfovat (imperf) to go surfing

sušit/usušit to dry

suvenýr m souvenir

svačina f snack

sval m muscle

svatební cesta f honeymoon

svátek m public holiday

svědit: svědí to it's itchy

svět m world

světlý light-coloured, pale

svetr m jumper, sweater

svíčka f candle; spark plug

svobodný free; unmarried, single

sympatický nice

syn m son

synagoga f synagogue

syrový raw

Š

šálek m cup

šampón m shampoo

šatna f cloakroom; changing room

šedý grey

šek m cheque

široký wide

škoda: to je škoda it's a pity
šokující shocking
šortky *fpl* shorts
Španělsko *n* Spain
špatný wrong; bad; **není to špatné** it's not bad
šperky *mpl* jewellery
špinavý dirty
špunt *m* cork; (sink) plug; **špunty** *mpl* **do uší** earplugs
šťastný happy
šťáva *f* juice
štěstí *n* luck
štěstí: mít štěstí to be lucky
šumivý sparkling
šváb *m* cockroach

T

tabák *m* tobacco
tableta *f* tablet
tábor *m* camp
táborník *m* camper
tady here; **tady je/jsou** here is/are
tahat/táhnout to pull
tajný kód *m* PIN (number)
tak so; **tak, že/aby** so that
také, taky also
talíř *m* plate
tam there, over there; **tam je kostel** there is a church over there; **je tam hodně lidí** there are lots of people there
tampón *m* tampon
tančit/zatančit si to dance
tanec *m* dance
tarif *m* fare
taška *f* bag

taxi *m* taxi
teď now
teenager *m* teenager
tehdy then
těhotná pregnant
telefon *m* telephone
telefonický hovor *m* phone call
telefonistka *f* switchboard operator
telefonní číslo *n* phone number
telefonní kabina *f* phone box
telefonní karta *f* phonecard
telefonní seznam *m* directory
telefonovat/zatelefonovat *(+dat)* to telephone, to make a phone call
televize *f* television
tělo *n* body
téměř almost
ten *m*, **ta** *f*, **to** *n* this
tenhle *m*, **tahle** *f*, **tohle** *n* that one
tenis *m* tennis
tenisky *fpl* tennis shoes
tenisový kurt *m* tennis court
tento *m*, **tato** *f*, **toto** *n* this one
teplo *n* heat
teploměr *m* thermometer
teplota *f* temperature; **měřit (si)/ změřit (si) teplotu** to take one's temperature
teplý warm
terasa *f* terrace
terminál *m* terminal
termoska *f* Thermos® flask
těsný tight
těšilo mě! pleased to meet you!
teta *f* aunt
těžký difficult; heavy
tihle *mpl*, **tyhle** *fpl*, **tahle** *npl* those (ones)

tichý silent, quiet

tisk *m* press

tito *mpl*, **tyto** *fpl*, **tato** *npl* these (ones)

titulky: s titulky subtitled

tkanička *f* shoelace

tlačit/zatlačit to push

tlak *m* pressure; **krevní tlak** blood pressure

tmavý dark; **tmavomodrý** dark blue

to je *see* **je to**

toaletní papír *m* toilet paper

toaletní potřeby *fpl* toilet bag, toiletries

toalety *fpl* toilets

točené pivo *n* draught beer

topení *n* heating

topit se/utopit se to drown

totiž in fact

tradiční traditional

trafika *f* tobacconist's

trajekt *m* ferry

tramvaj *f* tram

trasa *f* **(autobusu)** bus route

tráva *f* grass

trávit/strávit to spend

trh *m* market

trochu a little

trosky *fpl* ruins

trouba *f* oven

trvat *(imperf)* to last; to take *(time)*

třída *f* class; avenue; **první/druhá třída** first/second class

tučný fat

tuk *m* fat

turista *m*/**turistka** *f* tourist

turistická atrakce *f* tourist trap

turistická třída *f* economy class

turistické informační centrum *n* tourist office

turistický tourist

turistika: horská turistika hill-walking; **pěší turistika** hiking

túry: chodit na túry to go hiking

tužka *f* pencil

tvar *m* shape

tvrdý hard

tvůj your; yours

ty you

týden *m* week

tým *m* team

typ *m* type

typický typical

U

u (+*gen*) at, by, near; **u nás** in our family/country

ubrousek *m* napkin

ubytování *n* accommodation

ubytovna *f* **pro mládež** youth hostel

účet *m* bill; **volat/zavolat na účet volaného** reverse-charge call

učit se/naučit se to learn

údolí *n* valley

ucho *n* ear

ukazatel *m* indicator

ukazovat/ukázat to show

uklizený tidy

ulice *f* street

umělec *m*/**umělkyně** *f* artist

umělecká práce work of art

umění *n* art

umírat/umřít to die

úmysl: mít v úmyslu... to intend to…

umyvadlo washbasin

únava *f* **z časového posunu** jetlag

unavený tired

únik *m* leak

unikátní unique

únor *m* February

úpal *m* sunstroke; **dostat úpal** to get sunstroke

uplatňovat to operate

uprostřed *(+gen)* in the middle (of)

uražený offended, upset

úschovna *f* **zavazadel** left-luggage (office)

úsměv *m* smile

usmívat se/usmát se to smile

usnout *(perf)* to fall asleep

ústa *npl* mouth

ušetřovat/ušetřit to save

uši *fpl* ears

utěrka *f* tea towel, dish cloth

úterý *n* Tuesday

útes *m* cliff

utrácet/utratit to spend

uvnitř inside

uzávěr *m* **vody** stopcock

uznávat/uznat to admit

už already; **... už není** there's no more…

užitečný useful

užitková voda *f* non-drinking water

V

v *(+loc)* in; **v Anglii** in England;

v roce 2006 in 2006; **v 19. století** in the 19th century; **v češtině** in Czech; **v angličtině** in English

vada *f* flaw

vaření *n* cooking

vařený cooked, boiled

vařit/uvařit to cook, to boil

váš your; yours

vata *f* cotton wool

vatové tyčinky *fpl* cotton buds

vážný serious

včela *f* bee

včera yesterday; **včera večer** yesterday evening, last night

včetně *(+gen)* including

vdaná married

věc *f* thing; **věci** things

večer *m* evening; in the evening; **dobrý večer** good evening

večeře *f* dinner

večeřet/navečeřet se to have dinner

večírek *m* party

vědět *(imperf)* to know; **nevím** I don't know

vedle *(+gen)* beside, next to

vegetarián *m* vegetarian

vegetariánský vegetarian

věk *m* age

Velikonoce *fpl* Easter

velikost *f* size

Velká Británie *f* Great Britain

velký big; great

velmi very

velvyslanectví *n* embassy

ven/venku outside

venkov *m* countryside

veřejný public

věřit/uvěřit to believe

vesnice *f* village

věta *f* sentence

většina *f* majority, most

vchod *m* entrance

víc(e) more; **více než** more than; **mnohem více** much more

vidět/uvidět to see

vidlička *f* fork

vietnamky *fpl* flip-flops

víkend *m* weekend

vila *f* villa

víno *n* wine

vítat/přivítat to welcome, to greet; **vítám tě/vás** welcome!

vítr *m* wind

vitráže *fpl* stained-glass windows

vízum *n* visa

vlak *m* train; **vlak do Brna** the train to Brno

vlastně really, actually

vlastní own; **moje vlastní auto** my own car

vlastnit *(imperf)* to own

vlasy *mpl* hair

vlažný lukewarm

vlek *m* ski lift

vlevo see **nalevo**

vlhký damp

vlna *f* wave; wool

vlněný woollen

vložka *f* sanitary towel

voda *f* water

vodní lyžování *n* waterskiing

vodotěsný waterproof

volat/zavolat to call, to phone; **zavolat zpátky** to call back; **zavolat na policii** to inform the police

volejbal *m* volleyball

volno: mám volno I'm free; **je tady volno?** is this seat/table free?

volný free

vonět *(imperf)* to smell

vosa *f* wasp

vousy *mpl* beard

vozík *m* trolley

vpravo see **napravo**

vpředu at the front

vracet se/vrátit se to come back, to return

vracet/vrátit to give back; **vrátit peníze** to refund *(v)*, to pay back

vrchol *m* summit, top

vstávat/vstát to get, to stand up; to get out of bed

vstupenka *f* entrance ticket

vstupné *n* admission charge

vstupovat/vstoupit to come in; to go in

všude everywhere

vůbec at all; **vůbec ne** not at all

vůně *f* smell

vy you (pl, polite)

vybuchnout *(perf)* to burst

vyčerpaný exhausted

vyčerpávat/vyčerpat to exhaust

výfuk *m* exhaust pipe

vyhazovat/vyhodit to throw out

výhled *m* view

vycházet/vyjít to come out

vycházková obuv *f* walking boots

vychlazený cool; **podávejte vychlazené** serve cool

východ *m* exit; east; **východ slunce** sunrise

vyjímečný exceptional

vymknout si kotník to sprain one's ankle

vypadat *(imperf)* to appear, to look, to seem; **vypadat unaveně** to look tired; **vypadat jako** to look like

vypínat/vypnout to switch off

vyplňovat/vyplnit to fill in

vyprodaný out of stock, sold out

výprodej *m* sales

výrobek *m* product

vysoký high, tall; **vysoký krevní tlak** high blood pressure

vysoušeč *m* **vlasů** hairdrier

výstava *f* exhibition

vystupovat/vystoupit to get off; to perform in public

výtah *m* lift

vyvolat to develop

vývrtka *f* corkscrew

vyzkoušet si *(perf)* to try on

vzácný precious, rare, valuable

vzadu at the back

vzduch *m* air

vzít see **brát**

vzkaz *m* message

vzpomínat si/vzpomenout si to remember

vždy always

W

Wales *m* Wales

Walesan *m*/**Walesanka** *f* Welsh

waleský Welsh

walkman *m* personal stereo, Walkman®

webová stránka website

windsurfing *m* windsurfing

Z

z *(+gen)* out of, from

za *(+acc/instr)* behind; **za hodinu** in an hour

zabalený packed; wrapped

zabalit si kufr to pack one's suitcase

zábavní park *m* theme park

zabít *(perf)* to kill

zablokovaný blocked

zabloudit to lose one's way, to get lost

zácpa *f* constipation

začátečník *m*/**začátečnice** *f* beginner

začátek *m* beginning; **na začátku** at the beginning

začínat/začít to begin, to start

záda *n* back

zadarmo free of charge

zahrada *f* garden

zahraničí: do/v zahraničí abroad

zachraňovat/zachránit to save, to rescue

zájezd *m* **(s cestovní kanceláří)** (package) tour

zakázáno forbidden

záležet: to záleží (na +*loc***)** that depends (on); **na tom nezáleží** it doesn't matter

záloha *f* deposit

zámek *m* castle, palace; (safety) lock

zaměstnání *m* occupation, profession

zamykat/zamknout to lock

zánět *m* **průdušek** bronchitis
zánět *m* **slepého střeva** appendicitis
západ *m* **slunce** sunset
západ *m* west; **na západě** in the west; **na západ od** (+gen) (to the) west of
západní west, western
zápach *m* (unpleasant) smell
zápalka *f* (safety) match
zapalovač *m* (cigarette) lighter
zapalovat/zapálit to light (v)
zápas *m* match
zápěstí *n* wrist
zapínat/zapnout to switch on
zaplatit (perf) **účet** to check out; to pay the bill
zapojovat/zapojit to plug in
zaregistrovat se (perf) to check in
zaručit (perf) to guarantee
záruka *f* guarantee
září *n* September
zařízení *n* equipment
zařizovat/zařídit to arrange; **zařídil/zařídila jsem si schůzku s...** (+instr) I arranged to meet...
zastaralý out of date; obsolete
zastávka *f* (bus) stop (n)
zastavovat (se)/zastavit (se) to stop
zastihnout to catch, to reach
zástrčka *f* plug
zásuvka *f* socket; drawer
zatímco while
zavazadlo *n*, **zavazadla** *npl* baggage, luggage
zavírací doba *f* closing time

zavírat/zavřít to shut, to close
zavřeno closed
záznamník *m* answering machine
zboží *nsg* goods
zbytečný useless
zbytek *m* rest; remainder
zcela completely, entirely
zdát se (imperf) to seem; **zdá se, že...** it seems that...
zdraví *n* health; **na zdraví!** cheers!
zdravotní sestra *f* nurse
zdřímnout si (perf) to have a nap
zelený green
země *f* country; **na zemi** on the ground
zhasínat/zhasnout to switch off
zhoršovat se/zhoršit se to get worse
zima *f* winter; cold; **je zima** it's cold; **je mi zima** I'm cold
zip *m* zip
zítra tomorrow; **zítra večer** tomorrow evening; **zítra ráno** tomorrow morning; **zítra nashledanou!** see you tomorrow!
zkoušet/zkusit to try; to try on; **zkusit něco dělat** to try to do something
zkratka *f* short cut
zkušební kabina *f* fitting room
zloděj *m* thief
zlomenina *f* fracture
zlomený broken
zlomit (perf) break; **zlomit si nohu** to break one's leg
změna *f* change

zmeškat *(perf)* to miss, to arrive late for

značka *f* road sign

znamenat *(imperf)* to mean; **co znamená... ?** what does… mean?

znamení *n* sign

známka *f* (postage) stamp

znásilnění *n* rape

znovu again

zoo *f* zoo

zoom *m* zoom (lens)

zpátečka *f* reverse gear

zpáteční jízdenka *f* return ticket

zpátky back

zpěvák *m*/**zpěvačka** *f* singer

zpívat/zazpívat to sing

zpoždění *n* delay

zpráva *f*, **zprávy** *fpl* news

zralý ripe

zranění *n* wound

zraněný injured

zrcadlo *n* mirror

zrušit *(perf)* to close down; to cancel

zřídka rarely; seldom

ztrácet/ztratit to lose; **ztratit se** to get lost; **ztrácet čas** to waste time

zub *m* tooth

zubař *m* dentist

zubní kartáček *m* toothbrush

zubní pasta *f* toothpaste

zůstávat/zůstat to stay; **zůstat v kontaktu** to stay in touch

zvát/pozvat to invite

zvedat/zvednout to raise, to put up

zvíře *n* animal

zvlášť separately

zvláštní strange; special

zvonek *m* bell

zvonit/zazvonit to ring

zvracet *(imperf)* to vomit, to be sick; **chce se mi zvracet** I feel sick

zvyklý na *(+acc)* used to, accustomed to

Ž

žádat/požádat (**o** *+acc*) to ask, to request

žádný none

žaludek *m* stomach

žárovka *f* light bulb

žebírko *n* rib (of meat)

žebro *n* rib (of person)

žehlička *f* iron

žehlit/vyžehlit to iron

žena *f* woman; wife

ženatý married

ženský lékař *m* gynaecologist

ženy ladies' (toilet)

židle *f* chair

žihadlo *n* sting

žiletka *f* razor blade

žínka *f* facecloth

žít *(imperf)* to live

život *m* life

žízeň *f* thirst; **mít žízeň** to be thirsty

žlutý yellow

GRAMMAR

Czech grammar is rather complicated and there are a good many exceptions to the basic rules set out briefly here. However, it is worth bearing in mind that noun declension patterns for the masculine and neuter forms tend to be very similar or the same and that the verb in Czech has far fewer tenses than English.

There are three genders in Czech: masculine, feminine and neuter.

There are no definite or indefinite articles (the and a/an).

Masculine nouns end in a hard consonant (**h, ch, k, g, r, d, t, n**) or a soft consonant (**č, ř, š, ž, c, j, ď, ť, ň**):

pán gentleman	hrad castle
muž man	stroj machine

Feminine nouns end in **-a, -e** or in a soft or hard consonant:

žena woman	růže rose
píseň song	kost bone

Neuter nouns end in **-o, -e** or **-í**:

město town	moře sea
kuře chicken	stavení building

Some nouns ending in **-a** or **-e** can be masculine:

turista tourist	průvodce guide

Masculine and feminine nouns form the **plural** most commonly in **-i** or **-y**, neuter nouns in **-a**.

Some nouns exist only in the plural, eg:

dveře door	kalhoty trousers

Czech is an inflected language. This means that each noun has a number of case endings which determine meaning. There are **seven cases**:

The nominative denotes the subject of the sentence and can also be a predicate:

Petr je můj přítel   Petr is my friend

The genitive denotes possession:

    kolo **mého** přítele   my friend's bike

The dative equates to the indirect object:

    dávám to Karl**ovi**   I give it to Karel

The accusative equates to the direct object:

    vidím Karl**a**   I see Karel

The vocative is used when you address someone:

    Karl**e**! Jan**o**!   Karel! Jana!

The locative (or **prepositional**) denotes the place or area in question and is used always with prepositions meaning words like in, on, about etc:

    jsem na zahrad**ě**   I am in the garden

The instrumental denotes the manner or means by which something is done:

    jedu tam aut**em**   I'm going there by car

The **genitive, dative, accusative, locative** and **instrumental** cases are frequently governed by a preceding preposition, for example:

    do + *gen* →   jedu **do** Prahy

                      I am going to Prague

Certain prepositions govern more than one case, particularly to distinguish between position and direction, for example: **na** + *acc* or **na** + *loc* respectively:

    jdu **na** zahradu   I'm going into the garden

    jsem **na** zahradě   I am in the garden

Conversely, prepositions like **do** (+ *gen*) and **v** (+ *loc*) govern only one case:

    jdu **do** školy   I am going (in)to school

    jsem **ve** škole   I am at (in) school

Noun declensions

- Masculine animate nouns **pán** (gentleman), **muž** (man) and inanimate nouns **hrad** (castle), **stroj** (machine)

	sg	pl	sg	pl
nom	pán	páni/-ové	muž	muži/-ové
gen	pána	pánů	muže	mužů
dat	pánu/-ovi	pánům	muži/-ovi	mužům
acc	pána	pány	muže	muže
voc	pane	páni	muži	muži
loc	pánu/ovi	pánech	muži/ovi	mužích
instr	pánem	pány	mužem	muži

	sg	pl	sg	pl
nom	hrad	hrady	stroj	stroje
gen	hradu	hradů	stroje	strojů
dat	hradu	hradům	stroji	strojům
acc	hrad	hrady	stroj	stroje
voc	hrade	hrady	stroji	stroje
loc	hradě	hradech	stroji	strojích
instr	hradem	hrady	strojem	stroji

Like neuter nouns, inanimate masculine nouns eg hrad (castle) have the same form for the nominative and the accusative.

- Feminine nouns end in **-a** (žena woman), **-e** (růže rose) or in a consonant (píseň song, kost bone)

	sg	pl	sg	pl
nom	žena	ženy	růže	růže
gen	ženy	žen	růže	růží
dat	ženě	ženám	růži	růžím
acc	ženu	ženy	růži	růže
voc	ženo	ženy	růže	růže
loc	ženě	ženách	růži	růžích
instr	ženou	ženami	růží	růžemi

	sg	pl	sg	pl
nom	píseň	písně	kost	kosti
gen	písně	písní	kosti	kostí
dat	písně	písním	kosti	kostem
acc	píseň	písně	kost	kosti
voc	písni	písně	kosti	kosti
loc	písni	písních	kosti	kostech
instr	písní	písněmi	kostí	kostmi

- Neuter nouns end in **-o** (město town), **-e** (moře sea, kuře chicken) or **-í** (stavení building)

	sg	pl	sg	pl
nom	město	města	stavení	stavení
gen	města	měst	stavení	stavení
dat	městu	městům	stavení	stavením
acc	město	města	stavení	stavení
voc	město	města	stavení	stavení
loc	městě	městech	stavení	staveních
instr	městem	městy	stavením	staveními

	sg	pl	sg	pl
nom	moře	moře	kuře	kuřata
gen	moře	moří	kuřete	kuřat
dat	moři	mořím	kuřeti	kuřatům
acc	moře	moře	kuře	kuřata
voc	moře	moře	kuře	kuřata
loc	moři	mořích	kuřeti	kuřatech
instr	mořem	moři	kuřetem	kuřaty

Adjectives usually come before the noun and must agree in number, gender and case with the nouns they go with. They fall into two categories: **hard adjectives** like mladý (m), mladá (f), mladé (n) (young) and **soft adjectives** like jarní (spring(time)), which do not distinguish between gender.

	sg m, n	sg f	pl m, n, f
nom	mladý, mladé	mladá	mladí, mladé, mladá
gen	mladého	mladé	mladých
dat	mladému	mladé	mladým
acc	mladého, mladé	mladou	mladé, mladé, mladá
voc	mladý, mladé	mladá	mladí, mladé, mladá
loc	mladém	mladé	mladých
instr	mladým	mladou	mladými

	sg m, n	sg f	pl m, n, f
nom	jarní	jarní	jarní
gen	jarního	jarní	jarních
dat	jarnímu	jarní	jarním
acc	jarního	jarní	jarní
voc	jarní	jarní	jarní
loc	jarním	jarní	jarních
instr	jarním	jarní	jarními

Masculine inanimates always have the same form for the nominative and the accusative: **starý hrad** (old castle) in the singular, **staré hrady** in the plural.

The **comparative** of the adjective is formed by adding **-ší** or **-ejší** to the end of the word:

> **krátký** short → **kratší (než)** shorter (than)
> **moderní** modern → **modernější (než)** more modern (than)

Often the preceding consonant is modified:

> **drahý** dear/expensive → **dražší (než)** dearer (than)

The **superlative** is formed from the comparative by adding the prefix **nej-**:

> **nejkratší** shortest

The cardinal numbers 1, 2, 3 and 4 behave rather like adjectives, agreeing in number, gender and case with the nouns they go with:

> **jeden muž, jedna žena, jedno dítě**
> one man, one woman, one child
> **dva muži, dvě ženy, dvě děti**
> two men, two women, two children
> **tři, čtyři muži/ženy/děti**
> three, four, men/women/ children

Numbers 5 and above are followed by the genitive plural of the noun:

> **pět ... mužů/žen/dětí** five men/women/children

Ordinal numbers (**první, druhý**...) (first, second etc) behave just like ordinary adjectives.

Personal pronouns also decline. In the nominative they are omitted except when needed for emphasis:

> **vidím Karla** I see Karel (Charles)   *but*
> **já vidím Karla** *I* see Karel

As in French, there are two words for "you": **ty** and **vy**. The first is singular and is used only when addressing children, pets and people with whom you are on first name terms. The second can be singular or plural and as a singular is used to address an individual formally or respectfully.

		you	he	she	it
nom	já	ty	on	ona	ono
gen	mě/mne	tě/tebe	ho/něho	jí/ní	ho/něho
dat	mi/mně	ti/tobě	mu/němu	jí/ní	mu/němu
acc	mě/mne	tě/tebe	ho/něho	ji/ni	ho/něho
loc	mně	tobě	něm	ní	něm
instr	mnou	tebou	jím/ním	jí/ní	jím/ním

	we	you	they (m, f, n)
nom	my	vy	oni, ony, ona,
gen	nás	vás	jich/nich
dat	nám	vám	jim/nim
acc	nás	vás	je/ně
loc	nás	vás	nich
instr	námi	vámi	jimi/nimi

Note that on occasion there are two forms, the short and long forms respectively.

The short form of the pronoun is used when it occurs in an unstressed position eg:

prosím tě please (literally: I ask/beg you)

The long form must be used after prepositions:

k němu (towards him, it)

For the third person the form beginning with an **-n** must always be used after prepositions:

s ním with him

Possessive pronouns and **adjectives** have, unlike English, the same form.

in nominative	m	f, n
my/mine	můj	moje
your/yours	tvůj	tvoje
his/her/hers/its	jeho, její	jeho, její
our/ours	náš	naše
your/yours	váš	vaše
their/theirs	jejich	jejich

in nominative	m	f, n
my/mine	moji	moje
your/yours	tvoji	tvoje
his/her/hers/its	jeho, její	jeho, její
our/ours	naši	naše
your/yours	vaši	vaše
their/theirs	jejich	jejich

Possessives in the first and second persons have to decline, ie agree in number, case and gender with the noun, ie they behave just like adjectives:

> **můj dům** my house, **moje auto** my car

The third person possessives **jeho** and **jejich** are indeclinable whereas **její** declines (like **jarní** above) As in English they agree not with the noun but with the possessor:

> **jeho dům** his house, **její dům** her house

Adverbs usually end in -o, -e or -y:

> **málo** not much, **mnoho** a lot, **dobře** well, **špatně** badly **česky** in Czech

The comparative of adverbs is formed by adding **-eji** to the end of the word and the prefix **nej-** for the superlative:

> **rychle** fast → **rychleji (než)** faster (than), **nejrychleji** fastest

Czech verbs in the vast majority of cases appear in two **aspects**: the **imperfective aspect**, which gives the present tense, the past continuous tense and the future continuous; and the **perfective aspect**, which gives a past perfect tense and a future/future perfect tense. Thus, unlike English, there are in practice only five tenses in Czech. The imperfective aspect denotes an action in progress or a repeated action. The perfective aspect denotes a single or completed action. Verbs usually appear in dictionaries in imperfective and perfective pairs and should be learnt that way. Often, but by no means always, the difference in form between the perfective and imperfective is just a prefix eg **dělat/udělat** (to do, to make) **číst/přečíst** (to read). It might help you understand verbal aspects if you think of these two examples as meaning "to do/be doing"/"to get done" and "to read/be reading"/"to get read" respectively. To produce the past tenses and the future continuous tense you usually need the help of some form of the verb **být** (to be), just as you do in many instances in English.

Example:

I do, I am doing, I do do, I have been doing – all these are translated simply by **dělám**
I was doing, I used to do – these are translated by **dělal jsem**
I will be doing, I will (repeatedly) do – these are translated by **budu dělat**
I did, I have done – these are translated by **udělal jsem**
I will do, I will get (it) done – these are translated by **udělám**

Some verbs are commonly found only in one aspect, for example the imperfective **vypadat** (to seem, appear), where there is no notion of a completed action, or the perfective **najít** (to find), where the concept is primarily of a completed action and an end result.

The **present tense** is formed only from imperfective verbs.

For the purposes of conjugation Czech verbs may be considered as falling into five groups. But be careful – the way to conjugate a Czech verb is to work, **not** from the infinitive, **but** from **the third person singular** (the s/he form). Note the following, all imperfective verbs, as it happens, and thus all giving a present tense:

kupovat to buy → kup-**uje**
kup-**uji**
kup-**uješ**
kup-**uje**
kup-**ujeme**
kup-**ujete**
kup-**ují**

nést to carry → nes-**e**   **tisknout** to press, squeeze → tisk-**ne**
nes-**u**   tisk-**nu**
nes-**eš**   tisk-**neš**
nes-**e**   tisk-**ne**
nes-**eme**   tisk-**neme**
nes-**ete**   tisk-**nete**
nes-**ou**   tisk-**nou**

dělat to do/make → děl-**á**	**prosit** to request → pros-**í**
děl-**ám**	pros-**ím**
děl-**áš**	pros-**íš**
děl-**á**	pros-**í**
děl-**áme**	pros-**íme**
děl-**áte**	pros-**íte**
děl-**ají**	pros-**í**

The negative is formed by adding **ne** to the begiining of the verb:

     vím I know → nevím I don't know.

Note that, as in many languages other than English, a double negative operates: **nic nevím** I know nothing

The **simple future** is formed simply by conjugating the perfective verb according to the patterns set out above, eg **koupit** is the perfective of **kupovat** (to buy) and conjugates like **prosit** (to request), though **koupit** is perfective and **prosit** is imperfective: **kupuji** (I buy), **koupím** (I will buy).

Perfective verbs never use the auxiliary verb (**být** to be) to form the future tense.

The **continuous** or **repeated future tense** is formed by use of the future tense of the auxiliary verb (**být** to be) in conjunction with the imperfective infinitive: **budu kupovat** I will be buying, I will keep buying.

For both **past tenses** (perfect and continuous/repeated) the present tense of the auxiliary verb (**být** to be) must be used with the first and second persons, singular and plural. However, for the third person, singular and plural, the auxiliary verb is NOT used.

In most cases the past tense is very easy to form. Remove the letter **t** from the infinitive and replace it with an **l** for the masculine singular, adding appropriate endings for the feminine, neuter (**a o**) and all the plurals (**i y a**). This form, in effect the past participle, is then combined with the appropriate form of the present tense of the verb "to be". Thus:

     pracova-t to work → **pracova-l** worked

This past active participle must agree in number and gender with the subject that governs it:

pracoval *(m)*/pracovala *(f)* **jsem** I worked
pracoval *(m)*/pracovala *(f)* **jsi** you worked
pracoval *(m)*/pracovala *(f)*/pracovalo *(n)* he/she/it worked
pracovali *(m pl)*/pracovaly *(f pl)* **jsme** we worked
pracovali *(m pl)*/pracovaly *(f pl)* **jste** you worked
pracovali *(m pl)*/pracovaly *(f pl)*/pracovala *(n pl)* they worked

Some irregular past participles:

> **mít** to have → **měl** had
> **moci** to be able to → **mohl** was able, could
> **chtít** to want → **chtěl** wanted
> **číst** to read → **četl** read
> **říct** to say → **řekl** said

The **conditional** of the verb ("I would", "you would" etc) is formed on the same principle as the past tense, but by using a conditional form of the auxiliary verb (**být** to be) in combination with the past participle. This conditional form is used for all three persons:

pracoval *(m)*/pracovala *(f)* **bych**
pracoval *(m)*/pracovala *(f)* **bys**
pracoval *(m)*/pracovala *(f)*/pracovalo *(n)* **by**
pracovali *(m pl)*/pracovaly *(f pl)* **bychom**
pracovali *(m pl)*/pracovaly *(f pl)* **byste**
pracovali *(m pl)*/pracovaly *(f pl)*/pracovala *(n pl)* **by**

Some commonly used verbs and their conjugations:

být to be

present	future	past	conditional
jsem	budu	byl/a jsem	bych
jsi	budeš	byl/a jsi	bys
je	bude	byl/a/o	by
jsme	budeme	byli/y jsme	bychom
jste	budete	byli/y jste	byste
jsou	budou	byli/y/a	by

The verb **být** is used as an auxiliary to form the continuous/repeated future, both past tenses and the conditional.

mít to have

mám	
máš	*future:* budu, budeš … mít
má	*past:* měl/měla jsem, jsi …
máme	*conditional:* měl/měla bych, bys …
máte	
mají	

jít to go (on foot)

jdu	
jdeš	*future:* půjdu, půjdeš …
jde	*past:* šel/šla jsem, jsi …, šli jsme …
jdeme	*conditional:* šel/šla bych, bys …, šli bychom …
jdete	
jdou	

jet to go (by some means of transport)

jedu	
jedeš	*future:* pojedu, pojedeš …
jede	*past:* jel/jela jsem, jsi …, jeli jsme …
jedeme	*conditional:* jel/jela bych, bys …, jeli bychom …
jedete	
jedou	

moci to be able to (can)

můžu	
může	*future:* budu moci, budeš moci…
můžeš	*past:* mohl/mohla jsem, mohl/mohla jsi…
můžeme	*conditional:* mohl/mohla bych, mohl/mohla bys
můžete	
můžou	

HOLIDAYS AND FESTIVALS

National bank holidays

Bank holidays are called **den pracovního klidu** or **státní svátek** (national holiday).

1 January	**Nový rok** (New Year's Day).
March/April	**Velikonoční neděle** (Easter Sunday) and **Velikonoční pondělí** (Easter Monday). Following an ancient tradition, on Easter Monday the boys whip the girls in the village with twigs. The girls then present them with painted Easter eggs.
1 May	**Svátek práce** (Labour Day).
8 May	**Den osvobození od fašismu**. A celebration of the country's liberation from fascism.
5 July	**Den slovanských věrozvěstů Cyrila a Metoděje**. A holiday in memory of the Slavic missionaries Cyril and Methodius.
6 July	**Mistr Jan Hus**. A commemoration of the death of Jan Hus, a Church reformer burned at the stake as a heretic in 1415.
28 September	**Den české státnosti**. A national holiday celebrating St Wenceslas, patron saint of the Czech Republic, who died in 936.
28 October	**Den vzniku samostatného českého státu**. A celebration of the creation of the Czech Republic in 1918.

17 November	**Den boje za svobodu a demokracii**. A commemoration of the fight for freedom and democracy in 1989 (overthrow of the Communist regime).
24, 25, 26 December	**Štědrý den** (Christmas Eve), **Hod boží** (Christmas) and **Štěpán** (Boxing Day). Families celebrate together with a traditional dinner of carp and potato salad on the 24th, and have roast goose on Christmas Day. They also bake a type of sweet Christmas bread called **vánočka**, as well as a variety of small cakes.

Festivals

1 May	**První máj**: the first of May is traditionally the day for lovers.
May	Classical music festival in Prague (**Pražské jaro**, Prague spring).
June/July/August	Various cultural events, many involving music, are held all over the country. Numerous open-air festivals take place (such as **Český Krumlov**).
October	Classical music festival in Prague (**Pražský podzim**, Prague autumn).
5 December	**Svatý Mikuláš** (the Eve of St Nicholas). The angel, the devil and St Nicholas come to see if children have been good. If so, they must recite a poem and are rewarded with small presents.

USEFUL ADDRESSES

In the Czech Republic

British Embassy
Thunovská 14
118 00 Prague 1
Tel. (420) 257 402 111
www.britain.cz

British Council
Bredovský dvur
Politických veznu 13
110 00 Prague 1
Tel. (420) 221 991 160 (enquiries)
    (420) 221 991 111 (office staff)

British Council office in Brno
Trída Kapitána Jaroše 13
602 00 Brno
Tel. (420) 545 210 174

In the UK

The Embassy of the Czech Republic
28 Kensington Palace Gardens
London W8 4QY
Tel. 09069 101060 and 020 7243 1115

Czech Centre
13 Harley Street
London W1G 9QG
Tel. 020 7307 5180

Cedok Travel Ltd
Suite 22-23
5th Floor, Morley House
314-322 Regent Street
London W1B 3BG
Tel. 020 7580 3778

CONVERSION TABLES

Note that when writing numbers, Czech uses a comma where English uses a full stop. For example 0.6 would be written 0,6 in Czech.

Measurements

Only the metric system is used in the Czech Republic.

Length
1 cm ≈ 0.4 inches
30 cm ≈ 1 foot

Distance
1 metre ≈ 1 yard
1 km ≈ 0.6 miles

To convert kilometres into miles, divide by 8 and then multiply by 5.

kilometres	1	2	5	10	20	100
miles	0.6	1.25	3.1	6.25	12.50	62.5

To convert miles into kilometres, divide by 5 and then multiply by 8.

miles	1	2	5	10	20	100
kilometres	1.6	3.2	8	16	32	160

Weight
25g ≈ 1 oz   1 kg ≈ 2 lb   6 kg ≈ 1 stone

To convert kilos into pounds, divide by 5 and then multiply by 11.
To convert pounds into kilos, multiply by 5 and then divide by 11.

kilos	1	2	10	20	60	80
pounds	2.2	4.4	22	44	132	176

Liquid
1 litre ≈ 2 pints
4.5 litres ≈ 1 gallon

Temperature

To convert temperatures in Fahrenheit into Celsius, subtract 32, multiply by 5 and then divide by 9.

To convert temperatures in Celsius into Fahrenheit, divide by 5, multiply by 9 and then add 32.

Fahrenheit (°F)	32	40	50	59	68	86	100
Celsius (°C)	0	4	10	15	20	30	38

Clothes sizes

Sometimes you will find sizes given using the English-language abbreviations **XS** (Extra Small), **S** (Small), **M** (Medium), **L** (Large) and **XL** (Extra Large).

• Women's clothes

Europe	36	38	40	42	44	etc
UK	8	10	12	14	16	

• Bras (cup sizes are the same)

Europe	70	75	80	85	90	etc
UK	32	34	36	38	40	

• Men's shirts (collar size)

Europe	36	38	41	43	etc
UK	14	15	16	17	

• Men's clothes

Europe	40	42	44	46	48	50	etc
UK	30	32	34	36	38	40	

Shoe sizes

• Women's shoes

Europe	37	38	39	40	42	etc
UK	4	5	6	7	8	

• Men's shoes

Europe	40	42	43	44	46	etc
UK	7	8	9	10	11	